♥ 김형숙의 **낭독시대**

낭디꿈 메신저 **김 형 숙** 지음

대경북스

김형숙의 **낭독시대**

1판 1쇄 인쇄 2022년 11월 5일
1판 1쇄 발행 2022년 11월 10일

지은이 김형숙

발행인 김영대
펴낸 곳 대경북스
등록번호 제 1-1003호
주소 서울시 강동구 천중로42길 45(길동 379-15) 2F
전화 (02)485-1988, 485-2586~87
팩스 (02)485-1488
홈페이지 http://www.dkbooks.co.kr
e-mail dkbooks@chol.com

ISBN 978-89-5676-934-9

프/롤/로/그

목소리 시대가 온다

"저는 제 목소리가 싫어요. 허스키한 부산 자갈치 아줌마 목소리가 나요." 한 수강생이 고개를 숙인 채 말했다. 유튜브 원데이 클래스 강의 날 한 수강생과 만남이 시작되었다. 50대 중반의 여성으로 얼굴과 몸매는 아름다웠다. 하지만 목소리는 매끄럽지 않았다. 유튜브 하는 방법을 배우러 와서 자신의 목소리가 좋지 않다고 고백하는 그녀를 어떻게든 돕고 싶었다. 그녀에게 용기를 주고 싶었다. 그래서 시작된 것이 낭독 독서 모임이다.

낭독독서를 진행하면서 오감을 자극하여 나의 마음을 울리는 날이 많았다. 낭독 소리는 잔잔하게 자신을 감동시키는 매력이 있다. 묵독했을 때는 느끼지 못했던 감정들이 소리 내어 책을 읽는 동안 살며시 올라왔다. 소리 내어 책을 읽으면 글자들을 놓치는 법이 없다. 낭독만의 매력이다.

사실 나는 평소 말을 할 때 끝 마무리를 잘못하는 버릇이 있었다. 말에 힘도 없고 느렸다. 이런 내가 2020년도부터 매일 30분 이상 꾸준히 낭독하고 있다. 그 결과 묵독으로 책을 읽을 때는 미처 몰랐던 몇 가지 놀라운 일들이 생겼다. 말에 자신감이 생겼고 다른 사람 앞에서 또박또박 말을 잘하게 된 것이다. 또 다른 사람의 감정을 읽고, 말을 하기 전에 한 번 더 생각하고 경청하는 여유가 생겼다. 소리 내어 책을 읽으면서 감정이 되살아나기 시작했고, 메말랐던 영혼에 상대방을 살피는 배려가 싹트게 된 것이다. 결국 낭독은 나의 오감을 자극함으로써 나 자신을 성장시켰다.

사람들은 좋은 목소리는 타고난다고 말한다. 하지만 훈련을 통해서 충분히 향상시킬 수 있는 게 목소리다. 좋은 목소리를 내기 위해서는 복식호흡과 발음 및 발성 훈련이 필수다. 충분히 연습하고 낭독하면 좋은 효과를 거둘 수 있다. 나 역시 낭독을 시작하기 전에는 '말이 느리다', '말끝을 흐린다', '자신감이 없어 보인다' 등 부정적인 평을 많이 들었다. 하지만 2년 넘게 책을 소리 내어 읽다 보니 만나는 사람마다 자신감이 넘쳐 보이고 목소리가 좋다고들 한다. "은쟁반에 옥구슬이 굴러간다."라고 말하는 사람도 있다. 감사하고 놀랄 일이다.

좋은 목소리는 좋은 표정에서 나온다. 긍정적인 생각과 행복이 묻어나는 얼굴이 그렇다. 나는 밝은 얼굴을 위해 매일 스마일 셀카를 찍었다. 그랬더니 그늘진 얼굴에서 자연스럽게 미소가 피어나기 시작했다. 나는 꾸준한 스마일 셀카로 자신감을 되찾았고, 나의 표정도 점차 편안하고 예쁘게 변화되어 갔다. 이런 속사정도 모르는 사람들은 "대표님은 미소 셀카 찍는 것이 자연스러워요."라고 말한다. 본래부터 타고난 미소와 표정인 줄로 생각하는 것이다. 하지만 고백하면 사실 나는 지금도 셀카 촬영하는 것이 쑥스럽고 부담스럽다. 하지만 꾸준히 자신의 얼굴을 찍다 보면 예뻐질 수 있음을 스스로 증명했다. 기쁜 마음으로 미소 지으며 낭독하다 보면 목소리뿐만 아니라 얼굴도 자연스레 아름답게 변한다.

　이 책에서는 낭독하는 사람을 '성우'라고 부를 것이다. 자신을 멋진 사람이라 치켜세우면서 낭독하는 성우들 얼굴에는 늘 웃음꽃이 피어난다. 기분이 우울하다가도 웃는 표정을 짓다 보면 이내 마음이 즐거워진다.

　나는 낭독 녹음, 미소 셀카, 카드뉴스, 감사 일기 등 다양한 미션을 낭독 독서 모임에 적용하고 있다. 낭독하면서 전해지는 긍정적인 반응들은 실로 다양하다.

　"자신감이 생겼다."
　"발음이 정확해졌다."
　"목소리가 좋아졌다는 소리를 들었다."
　"말을 많이 해도 목이 안 쉰다."

"복식호흡하면서 낭독을 하니 3시간 이상 낭독이 가능하다."
"경청하는 자세가 된다."
"책 속 내용을 집중해서 읽으니 기억력이 좋아졌다."
"목소리에 힘이 생겼다."
"성격이 긍정적으로 변했다."

나는 낭독 독서 모임을 통해 꿈과 희망을 전하고 있다. 낭독은 나에게 힘을 준다. 낭독은 나를 웃음 짓게 하고, 때로는 눈물도 나게 한다. 또한 내게 충만한 자신감을 준다. 낭독은 생각을 실천할 수 있게 만들어 준다. 낭독은 자신을 성장하게 만든다. 낭독은 부를 쌓을 수 있는 운을 부른다. 한마디로 낭독은 행복을 전하는 배달부다.

다음 글은 낭독모임에 참여한 회원들의 반응을 모아서 정리한 것이다.

낭독을 통해 나는 사랑하고 사랑받을 가치있는 존재임을 깨닫게 되었다. 점점 웃는 내 모습을 찾아가고 있어 행복하다. 이제부터 나를 더 사랑하겠다. (김○○ 성우)

낭독으로 행복 습관을 시작한다. 행복하기 위해 낭독을 습관화

한다. 나를 사랑하고 소중히 생각하는 마음을 끝까지 가지고 가자고 다짐한다. 항상 낭독 모임에 참여하면 미소가 절로 지어지고, 긍정 마인드의 해피 바이러스가 전염된다. (박○○ 성우)

낭독은 나를 지탱해 주는 힘이다. 나의 스펙은 낭독이다. 낭독모임에 참여하게 되면서 힘이 생기고 좋은 기운이 생겨서 긍정 마인드로 하루를 보낸다. (소○○ 성우)

새벽에 깨어 나만의 시간, 아직 낭독이 어색하지만 낭독이 좋다. 낭독과 쓰기를 함께 하니 더 좋다. 감사한 하루의 시작이다. 나를 귀하게 여기고 사랑하는 행복한 하루를 보낸다. 낭독을 해서 행복하고 사랑하게 된다. (정○○ 성우)

짝꿍이 매일 멋지게 칭찬해 주어서 오늘 아침 힘이 난다. 짝꿍의 칭찬에 감동받는다. 오늘 하루도 전쟁같은 하루겠지만 낭독을 하고 나니 입가에 미소가 지어진다. 좋은 문장을 낭독하니 나의 하루가 행복해진다. 말뿐이 아닌 나를 진정으로 사랑하는 사람이 되어간다. 나를 진심으로 정말로 사랑한다고 매일 고백해야겠다. 좋은 글을 낭독하며 시작하는 아침이 즐겁다. (이○○ 성우)

긍정의 언어로 좋은 언어습관이 만들어진다. 서로 칭찬해주는 것으로 웃게 만든다. 긍정적인 새로운 사람들을 만나게 되어 반갑다. 늘 긍정적인 생각을 갖고 살아야겠다는 생각을 하고 아침을 기분좋게 에너지있게 시작한다. (최○○ 성우)

어색하지만 서로 칭찬해 주는 것이 웃음이 나고 즐겁다. 나와의 대화로 시작할 수 있는 하루를 만들 수 있어 좋다. (조○○ 성우)

나를 사랑하게 하고 긍정적인 마음가짐으로 벅찬 아침 시간이다. 호주 오페라하우스에서 낭독한다면 얼마나 벅차고 감동적일까. 건강하고 행복하다면 무엇이든지 할 수 있을 것이다. 그러한 기분으로 오늘을 살아보자. 아자, 파이팅! (황○○ 성우)

밝은 문장을 낭독하며 긍정 에너지를 충전한다. 아침마다 얼굴을 뵈니 날마다 더 친근해지고 있다. 나의 목소리로 좋은 문장을 '자신'에게 들려주니 자신감 뿜뿜이다. (이○○ 성우)

낭독을 하면 우울증이 치료되고, 마음이 안정되고 열정도 회복되어 행동하는 사람으로 변화한다. (유○○ 성우)

나는 스스로 '낭디꿈' 메신저라 부른다. "낭독으로 나와 이웃을 행복하게 만들고 디지털 도구로 자신을 알려서 꿈을 이루도록 돕는 메신저"라는 뜻으로 만든 나의 호칭이다. 이 책은 내가 낭독하면서 변화된 '낭디꿈'의 지식과 경험, 노하우를 녹여 담았다.

오디오 시장이 점점 커지고 있다. 별도의 자본금 없이 자신의 목소리만으로도 충분히 돈을 버는 시대다. 낭독으로 소비자의 삶이 아닌 콘텐츠를 생산하는 1인 크리에이터의 삶을 살았으면 좋겠다. 낭독의 꽃을 활짝 피워 보자. 나는 낭독을 통해 여러분이 마음도 행복하고 몸도 건강하고 생활도 윤택해지기를 소망한다. 부디 이 책을 통해 성공적인 낭독의 비법을 터득해 주기를 간절히 소망한다.

낭디꿈 메신저 김형숙

차/례

제1부 나도 좋은 목소리 내고 싶어요

제2부 책을 낭독하면 달라지는 것들

제3부 좋은 목소리 만들기

제4부 낭독을 위한 집중 트레이닝

제5부 낭독 독서 프로그램

제**1**부

나도 좋은 목소리 내고 싶어요

말 한마디로 천냥 빚을 갚는다

"여보세요. 아버지 잘 지냈어요?"

"그래. 고맙긴 한데 왜 쓸데없는 짓을 했냐?"

아버지는 다짜고짜 언성을 높였다. 화가 난 목소리였다.

"왜요?"

"왜 시키지도 않은 짓을 해. 네 엄마 아무것도 못 먹는 거 몰라서 그러냐. 속이 따가워서 물도 밥도 제대로 못 먹고 누워 있는데 한약을 달여 주면 먹느냐고?"

"기운이 없으니까 약하게 산삼 넣어서 했어요. 조금씩 나눠서 드시라고 해요."

"못 먹어. 다 버려야 해. 너는 왜 매번 네 멋대로 하냐. 말 좀 들어. 제발 좀 물어보고 해라."

아버지는 온 힘을 다해 역정을 내셨다. 전화를 끊고 싶었다.

"엄마 돌아가시면 아버지 혼자 살아야 해요. 어떻게 살려고요?"

"그건 네가 걱정할 게 아니야. 너나 잘해!"

"말은 고마운데 우리는 우리가 다 알아서 해. 걱정하지 말고 네 걱정이나 해라. 헛된 곳에 돈 쓰지 말고 아껴서 살아."

80대 초반인 아버지와 통화한 내용이다. 아버지는 딸의 마음을 영 이해하지 못한다. 분통이 터져 덩달아 소리를 질렀다. 엄마가 아파서 산삼 넣은 한약을 보내 준 것이 화근이 될줄 몰랐다. 다른 집 부모는 자식들이 안 챙겨준다고 난리인데 챙겨주고 욕만 먹었다.

차분하게 대화를 했으면 좋으련만, 아버지와의 사이가 더 안 좋아졌다. 마음이 불편해서 생신날 전화도 드리지 않았다. 아버지가 틀린 말을 한 것도 아닌데, 나는 왜 화를 냈을까? 부모님이 딱히 잘못한 것은 없는데 미웠다. 왜 자식의 효도를 받지 않으려고 하는지 부아가 치밀어 올랐다. 《성경》에 "네 부모의 말에 순종하라".는 말씀이 있다. 순종은커녕 부모 가슴에 불을 질렀다.

어떻게 하면 말을 지혜롭게 잘할 수 있을까? 궁금증이 생겼다. 다른 사람은 말을 잘하는데 나는 왜 못하는 걸까? 어떻게 해야 말을 잘할 수 있을까? 같은 말도 정감 있고 품위 있게 해야 한다. 그래야 설득력있는 말이 되고, 때로는 그 말이 사람들에게 위로가 되기도 한다.

말 한마디에도 그 사람만의 고유한 성질과 습관이 녹아 있다. 말은 내면 깊숙이 마음에서 일어나는 감정과 머릿속에서 만들어져 저절로 튀어나오는 습관 사이에서 나온다. 이런 말을 해야지 하고 생각하기 전에 감정 섞인 말이 튀어나온다. 그러다 보면 종종 마음에도 없는 말을 하고 곧 후회하게 된다.

기쁨과 즐거움과 행복이 충만할 때 나오는 말은 모두를 기분 좋게 만든다. 반면 슬플 때, 불안할 때, 서운할 때, 화가 나서 분노를 삭이는 경우 또는 짜증나거나 우울할 때는 나쁜 감정이 내포된 말을 내뱉기 마련이다. 이럴 땐 한 박자 쉬어 가는 것이 정답이다. 칭찬의 말, 감사의 말, 사랑의 말을 듣고 자란 사람은 말도 곱게 한다.

나는 말끝을 흐리는 좋지 않은 습관이 있었다. 이 습관 때문에 호되게 혼이 나 펑펑 운 적도 있다. 말끝을 흐리는 습관은 확신과 자신감 결여에서 비롯된다.

자신감 결여는 또 다른 방식으로도 표출된다. 주위를 둘러보면 유달리 비꼬듯 말하는 습관을 가진 사람이 있다. 그런 사람들은 대개 남의 말을 긍정적으로 받아들이기보다 꼬아서 듣는 경향이 있다. 내면의 방어 기제가 자기도 모르게 발동하는 탓이다. 자존감이 낮거나 어릴 때 긍정적인 말보다는 부정적인 말을 듣고 자란 사람일 가능성이 크다.

말은 사람의 내면을 그대로 표현한다. 내면에 어떤 말의 꽃이 피어 있느냐에 따라 나오는 말의 성격이 달라진다. 대부분의 오해와

말다툼은 말의 내용이 아니라 말투에서 시작된다. 같은 말이라도 말투와 억양에 따라 좋은 말로 들릴 수 있고 부정적인 말로 들릴 수 있다. 말을 잘하려면 자신의 내면을 직시하여 부정적인 감정을 털어내는 것부터 시작해야 한다.

평상시 자신의 말 습관을 먼저 살펴보자.

첫째, 평소 대화할 때 나의 말투와 표정, 제스처, 언어 선택 등에 대해서 생각해 보자. 지금까지 의식하지 못한 언어 습관을 발견할 수 있다. 대화할 때는 상대의 눈을 보며 이야기하자. 마주 앉아 이야기하는 사람의 시선이 다른 곳에 가 있으면 이야기에 집중하고 있는지 의심스럽다.

둘째, 자신에게 질문을 해보자. 질문에는 에너지가 있다. 질문은 답을 만들고 답은 선택하게 한다. 선택은 행동을 만들고 행동은 결과를 가져온다. 우리의 인생을 만들어가는 것은 일상 속 질문이다. 질문하는 습관을 갖자. 자신의 내면을 들여다보기 위해 MBTI 같은 성격 테스트를 해보는 것도 도움이 된다.

셋째, 소리 내어 책을 읽자. 자신감이 생기고 말을 조리 있게 논리적으로 할 수 있게 된다. 경청하는 힘이 생긴다.

넷째, 남의 말을 귀 기울여 듣자. 보통 사람들은 남의 말을 듣기보다 남이 이야기할 때 자신이 할 말을 준비하는 경향이 있어 상대의 말 속 행간을 놓치기 쉽다. 말을 조리 있게 잘하고 싶다면 경청을 잘하면 된다. 말하는 것보다 듣는 것을 좋아하는 사람의 주변에는 사람들이 모인다. 반면 말을 많이 하는 사람은 실수가 잦아서 주변에 사람이 모이지 않는다. 신이 사람에게 귀를 2개 주고 입을 하나 준 이유는 말하기보다 듣기의 중요성을 강조한 것이다.

　다섯째, 부정적인 말만 하는 사람을 멀리하자. 이런 사람은 아예 만나지 않는 게 상책이다. 나에게 도움이 전혀 되지 않는다. 힘이 되는 말, 긍정의 말을 하는 사람과 가까이 지내자.

　말을 잘하면 대학 입시 면접과 취업, 모임 등 어느 곳에서나 유리하다. 성적보다 중요한 것은 조리 있게 말을 잘해서 상대방을 설득하는 것이다.

노래를 못하는 걸까, 안 하는 걸까

"저는 제 목소리가 싫어요."

목소리는 사람의 마음을 사로잡는 힘이 있다. 하지만 자신의 목소리를 좋아하는 사람보다 싫어하는 사람이 더 많다. 그 이유는 도대체 뭘까?

초등학생 2학년 겨울 무렵, 음악 시간에 일어난 일이다. 교실 밖에는 바람이 세차게 불어서 창문이 덜컹거렸다. 교실 한가운데에는 번개탄을 때는 난로가 있었지만, 나무로 된 바닥에서 냉기가 올라와 발이 시렸다. 발을 타고 올라온 차가운 기운이 온몸을 휘돌았다. 몸을 웅크린 채 선생님의 풍금 소리에 맞춰 반 아이들이 합창을 하고 있었다. 그때 키가 작고 검은색 뿔테 안경을 쓴 대머리 교감 선생님이 들어왔다. 교감 선생님은 아이들이 부르는 노래를 듣더니 한마디 했다.

"누가 감기 걸렸나! 어디서 쉰 목소리가 나네."

그러더니 교감 선생님은 반 아이들을 둘러보았다. 선생님은 걱정이 되어서 한 말인데, 그 순간 소심한 나는 고개를 숙였다. 눈이라도 마주치면 지목당할까 봐 몸을 움츠렸다. 얼굴을 붉게 물들인 채말이다. 발은 더 차가워지고 몸이 오싹하니 추웠다. 교감 선생님의 말씀이 나를 향한 것이라 생각됐다. 그 순간 마음의 문이 얼음장같이 차갑게 닫혔다. 숫기라고는 전혀 없이, 친구들 앞에서 말하는 것도 부끄러웠던 시절이다.

'다른 아이들도 많이 있었으니, 꼭 내게 한 말도 아닌데······.'

소심한 아이는 자책했다. 그 이후 말을 최대한 아꼈다. 음악 시간에 노래도 부르지 않았다. 내 목소리를 다른 사람에게 들려줄 용기가 없었다. 내게 시선이 집중되는 것이 싫었다. 그날 이후 닫힌 마음의 문은 초등학교를 졸업할 때까지 열리지 않았다. 하고 싶은 말이 있어도 그저 입속에서만 맴돌았다.

내 목소리를 싫어하게 된 두 번째 사건은 중학교 2학년때 일어났다. 신학기가 시작되었을 무렵, 비쩍 마르고 매부리코가 돋보이는 남자 선생님이 음악실로 들어왔다. 여학교에 젊은 총각 선생님이 오니 학생들의 반응이 무척 좋았다. 마르고 키가 큰 음악 선생님은 아이들 사이에 인기가 높았다. 나 역시 선생님께 관심이 갔다. 어느 날 음악 시간에 독창을 시켰다. 그때는 달력의 날짜가 매우 중요했다.

오늘이 14일이면 14번, 24번, 34번, 44번, 54번 순서대로 시킨다. 운 없는 날이면 4번도 호출당한다.

"24번 불러봐."

내 번호가 불리는 순간 나는 얼음이 되어버렸다. 친구들의 시선이 두려워 입을 뗄 수가 없었다. 고개를 푹 숙였다. 순간 머릿속이 복잡해졌다. 일어나서 노래를 부를 건지 아니면 그냥 앉아 있을 건지 결정해야 했다. 음악 선생님의 따가운 시선이 느껴졌다. '에라, 모르겠다.' 하고 그대로 앉아 있었다.

"24번 일어나."

선생님의 목소리가 다시 들렸다. 엉덩이를 의자에 비벼댔다. 앉아서 버티다가 힘없이 고개 숙인 채 일어났다.

"노래해 봐."

하지만 나는 선생님의 채근에도 고개만 숙이고 있었다. 머릿속은 하얗게 되어서 아무 생각도 나지 않았다.

몇 번을 다그치던 선생님은 나를 응시하며 당신의 말을 따라 하라고 시키셨다.

"내가 왜 이럴까?"

나는 따라 하지 않았다.

선생님은 다시 말을 이어갔다.

"내가 왜 노래를 안 할까?"

"내가 노래를 못하는 걸까? 안 하는 걸까?"

선생님의 언성이 높아졌다.

나는 따라하지 않았다. 얼굴만 빨개졌다. 눈물이 터질 듯 송골송골 맺혔다. 뜨거운 눈물이 볼을 타고 흘러내렸다. 아이들은 나를 쳐다보며 숨죽였다. 친구들이 보는 앞에서 웃음거리가 되고 말았다. 분노가 솟았다. 다시는 노래 따위 하지 않겠다고 선언했다. 가슴 한쪽에서는 부글부글 아주 매운 김치찌개가 끓어올랐다. 얼굴이 붉으락푸르락 되었다. 교실 문을 뛰쳐나가고 싶었지만, 발이 움직이지 않았다. 입도 자물쇠를 걸어 놓았는지 한마디도 나오지 않았다. 지금도 그 시절을 생각하면 왜 그랬는지 모르겠다. 어린 중학생의 뼈 아픈 추억이다. 이제는 인생의 필름 한 장면으로 넘길 수 있어 감사하다.

이후로도 나는 목소리에 영 자신이 없었다. 남들 앞에서 발표하거나 의견을 말할 때 두려움이 앞섰다. 너무 떨려서 끝나고 나면 무슨 말을 했는지 기억조차 나지 않았다. 내 목소리를 사랑하지 않으니 모든 일에 자신감이 없었다. 매사에 흥미를 잃었고, 누군가 내 이름을 부르면 깜짝깜짝 놀랐다. 소심한 마음은 자존감마저 추락시켰다. 사방이 막혀 있는 벽으로 보였다.

노래를 못하면 시집을 못가나요

"매사에 소극적이에요."

"목소리가 안 좋아서 자신감이 떨어져요."

목소리 때문에 고민인 사람이 많다. 자존감마저 바닥을 친다. 낮은 자존감은 자전거를 타면서 계속 페달을 굴리다 말기를 반복하는 것과 같다. 페달을 멈추는 순간 자전거는 넘어진다. 자신에 대한 확신이 없으면 자존감은 추락한다. 자신을 신뢰할 수 있어야 행복하고 멋진 삶을 살 수 있다. 성공한 삶을 살려면 자신감과 자존감이 높아야 한다. 자신감이 있는 사람과 없는 사람은 하늘과 땅 차이다.

자신감에는 가정 환경도 한몫한다. 건강한 가정에서 사랑받고 자란 아이들은 어떤 일에든지 자신감이 있다. 반면에 가정에서 칭찬받지 못하고 자란 아이들은 늘 주눅들어 있다. 칭찬을 많이 받으면 자신감이 생긴다. 하지만 가정에 불화가 있거나 환경이 안 좋은 곳

에서 성장한 아이들은 대체로 자신감이 없는 모습을 보인다. 가정에
서부터 주눅이 들어 그것이 일상이 되기 때문이다.

앞에서 이야기했지만 나는 노래에 컴플렉스가 있다. 노래 이야
기가 나오면 작아지는 나를 발견한다. 누군가는 말한다.

"노래 못하면 어때? 그냥 하면 되지."

사실 노래 못하면 어떤가? 그냥 하고 말지. 다른 사람에겐 아무것
도 아닌데 정작 나에게 노래는 아픈 상처로 남아 있다. 학창 시절 나
는 노래 이야기만 나오면 숨을 곳을 찾는 소녀였다. 반면에 키는 작
지만 노래를 잘하는 K라는 친구가 있었다. 커트 머리에 빨간색 뿔테
안경을 썼으며 목소리가 아주 우렁찼다. 소풍이라도 가면 K는 그날
의 주인공이 되었고, 나른한 오후 수업 시간 잠을 깨우는 나팔수 역
할을 했다. 나는 그 친구가 한없이 부러웠다. 타고난 재능이 없는 나
를 미워했고 재능을 주지 않은 부모님을 원망했다.

매주 찾아오는 음악 시간은 정말 곤혹스러웠다. 음악 시간을 만
든, 아니 노래라는 것을 만든 사람을 미워했다. 고등학교 졸업할 때
까지 학기마다 보는 음악 실기시험은 아예 보지 않았다. 지금 생각
하면 동급생 중에는 노래를 못하는 친구도 제법 있었다. 그냥 눈 딱
감고 한 번 부르면 되는데 그 시절에는 그런 용기가 없었다.

사회에 나와서도 노래를 잘하는 사람이 부러웠다. 회식 자리나
친구들을 만나면 당연하게도 노래방에 간다. 나는 노래방 가는 게

제일 싫었다. 어쩔 수 없이 따라가서 한쪽 구석에 쭈그려 앉아 있다가 돌아왔다. 노래 한 곡만 하라는 권유도 부담스러웠다. 웬만해야 노래도 하지, 박치에 음치이니 듣는 사람도 괴로울 것이다. 대신 동료가 불러주는 노래 제목을 골라서 버튼을 눌러주었다. 노래에 맞춰 손뼉 치는 게 나의 일이었다. 1시간을 예약하면 30분을 보너스로 준다. 보너스가 끝나면 다시 10분을 더 준다. 그렇게 서비스를 주는 노래방 사장님이 너무 싫었다.

자신감의 하락은 다른 사람과의 비교에서 온다. 얼굴이 예쁜 사람, 노래를 잘하는 사람, 손재주가 좋은 사람…. 세상에는 좋은 점을 가진 사람이 너무나 많다. 그런데 '왜 나는 잘하는 것이 없을까?' 하고 생각하는 시간이 많았다.

소리 내어 책을 읽기 전에는 자신감 없는 인생을 살았다. 다른 사람 앞에 나서서 말하는 것이 두려웠다. 하지만 낭독 독서를 통해 자신감을 키울 수 있었다. 낭독하면 자신감이 생긴다. 다른 사람의 도움을 받지 않고 스스로 일어서는 방법 중 하나이다.

사람은 타고난 재능에 따라 살아간다. 다른 사람이 잘하는 것을 나도 잘할 필요는 없다. 세상을 살아가면서 자신이 가장 잘할 수 있는 것만 선택해서 해도 먹고사는 데 지장이 없다. 하지만 자신감이라는 아름다운 꽃을 피워내기 위해서는 그만한 노력이 필요하다.

불안은 영혼을 잠식한다

"발표를 씩씩하게 하고 싶어요."

발표는 자신을 성장하게 만든다. 타인에게 내가 누구인지를 알려준다. 사람이 모이는 곳이면 늘 자기 소개를 하라고 한다. 그럴 때면 무슨 말을 해야 할지 몰라 긴장하거나 당황하게 된다.

청중 앞에 얼마나 오랫동안 서야 떨림이 사라질까? 1990년대 후반부터 강의를 해왔지만 현재도 청중 앞에 서면 떨림이 가시지 않는다. 코로나19로 대면에서 벗어나 비대면 강의를 할 때도 떨리는 것은 마찬가지였다. '화면만 보면 되는데 설마 떨리겠어?'하고 생각했는데 막상 비대면 강의를 하게 되니 대면 강의보다 더 긴장되고 초조했다. 시공간을 초월해서 수많은 사람 앞에서 강의한다는 것은 초조함과 동시에 설렘을 준다.

나는 사람들과 대화할 때도 긴장을 잘하는 편이다. 많은 사람 앞에서 발표나 말을 할 때 얼굴이 빨개진다. 입꼬리가 떨리고 눈을 마주치기 힘들다. 눈동자가 갈 곳을 잃어버릴 때가 있다. 긴장해서 떨리는 모습을 청중들에게 들키는 기분이 든다. 몸이 떨리니 목소리도 떨리고, 강의 주제를 순간 잊어버릴 때도 있다. 강의를 앞두고 있으면 늘 초조하고 불안하다.

아나운서 출신 K 강사는 초등학생 시절 숫기가 없고 부끄러움이 많아서 웅변학원에 다녔다. 낯선 사람 앞에 서면 말을 잘못하고 목소리마저 기어들어갔다. 이후 맹연습을 통해 대회에서 최우수상을 받은 후 인생이 180도 달라졌다. 자신감을 얻게 되니 표정도 밝아지고 하루하루가 즐거웠다고 한다.

반면 나는 교실에서 선생님이 "누구 발표해 볼 사람, 손들어." 하면 고개를 숙였다. 눈이라도 마주치면 나를 호명할 것 같아 선생님의 눈을 피했다. 선생님이 지목해도 자리에서 일어나 발표하는 것은 참으로 어려운 일이었다. 말을 더듬거리거나 작은 소리로 중얼거렸다. 누구를 만나서 대화를 한다는 것은 생각조차 안 해 봤다.

어린 시절 시골에 외삼촌이나 친척들이 오면 낯설어서 집 뒷마당에 있는 대나무밭에 숨었다. 친척들은 나를 불렀다.

"숙이야!"

"이리 와 봐. 용돈 줄게."

그래도 대답을 못했다. 머리카락 보일라 장독대 뒤로 숨었다. 창

피하고 쑥스러웠다. 한두 시간 지나서야 조심조심 걸어 나왔다. 고작 1년에 한두 번 찾는 친척들의 발걸음이 낯설게 느껴졌다.

2019년 코로나19가 오기 전 매주 토요일 아침 7시 송수용 대표가 운영하는 DID드림코칭센터(DID는 '들이대'의 영어 약자) 디나시(DID로 나를 성장시키는 시간)에 처음으로 참석했다. 디나시는 세상에 나를 알리는 시간으로 DID 출신들이 주 강사였다. 강의가 끝난 후 작가와 사진 촬영을 하며 책에 사인을 받고 티타임을 가졌다. 순식간에 강의 테이블은 네모난 티 테이블로 변신했다.

한 사람씩 돌아가면서 소감을 이야기하기 시작했는데 나는 자리를 피하고 싶었다. 사람 많은 곳에서 소감을 말해야 한다니 긴장이되었기 때문이다. 하지만 소개해 준 지인을 생각해서 어쩔 수 없이억지로 앉아 있었다. 시작하기 전부터 얼굴이 시뻘겋게 달아올랐다. 난감했다. '형숙아! 괜찮아. 처음이라 그래. 편하게 생각해. 다들 너랑 똑같아.'하며 스스로를 다독였다.

발표의 불안감을 극복하는 방법은 연습을 많이 하는 것밖에는 없다. 그래도 떨리고 긴장되는 것은 어쩔 수 없지만, 연습을 많이 하면자신감이 따라온다. 또 성공적으로 발표를 마친 후 기립박수를 받는모습을 이미지로 그리는 마인드 컨트롤을 하면 생각보다 큰 도움이 된다. 어렵더라도 기회가 있을 때마다 도전하여 많은 경험을 쌓는 것이 좋다.

발표하는 것이 두려운 것은 말하기 연습이 되어 있지 않기 때문이다. 낭독 독서를 하면 발표에 대한 불안이 사라진다. 소리 내어 책을 읽으면 자신감이 생겨서 두려움을 이겨낼 수 있다.

다음은 발표 불안을 해소하는 팁이다.

1. 발표할 기회를 자주 만들자. 무조건 연습하는 방법밖에는 없다. 자주 하다 보면 요령이 생겨 다소 긴장이 줄어든다.
2. 청중의 평가를 겁내지 말고 나의 발표 내용에 집중하자. 남이 어떻게 생각할까보다 발표 내용을 어떻게 하면 잘 전달할 수 있을까에 집중한다.
3. 발표할 때는 시선을 둘 포인트를 정해 두고 그것을 바라본다. 발표할 때 시선 처리는 생각보다 쉽지 않다. 시선을 이리저리 옮기는 것은 불안해 보이므로 한 곳에 시선을 두는 편이 낫다.
4. 옆에 있는 친구에게 나의 이야기를 한다는 마음을 갖자. 다수의 사람에게 하는 발표는 이미 마음에 부담을 준다. 작은 모임에서 편하게 이야기하듯 해 보자.

답답하시다고요, 저도 답답합니다

말에는 속도가 있고, 강약이 존재한다. 빠르게 말을 할 때가 있고 천천히 할 때가 있다. 위급한 상황에서는 자신도 모르게 말이 빠르게 나온다.

말을 할 때 느리다고 야단맞은 적이 있다. 그 말을 들을 때마다 스트레스를 받았다. 20대 중반에 서울서 만난 친구는 내가 말이 느려서 답답하다고 했다. 말이 느리다는 얘기를 듣지 않기 위해서 빠르게 말하는 연습을 했다. 하지만 빠르게 말하고 싶은데 혀가 꼬여서 말이 제대로 나오지 않았다.

어느 날 엄마가 말했다.
"너는 우는 목소리로 말을 하니?"
"왜? 내가 언제 우는 목소리로 말했어?"

퉁명스럽게 대답했더니 이런 대답이 돌아왔다.

"말을 빨리 해. 왜 이렇게 느려. 구렁이 담 넘어가겠다."

지금은 엄마가 내 말이 느리다고 하지 않는다

나는 조금은 거칠고 온순하지 않은 말투와 느리고 우는 목소리를 가졌었다. 엄마의 말 한마디가 마음에 담겨 있다. 귀한 딸을 보고 우는 목소리로 말을 한다고 했다. '내 엄마 맞아?'하고 속상해 했지만, 엄마의 말처럼 나는 부드러움과 온화함이 없는 거친 목소리의 주인공이었다. 세상에 무슨 불만이 많은 건지 목소리에 가시가 무성하게 자라 있었다. 나는 성격이 급하고 행동이 빠른 편이다. 그나마 목소리까지 급하지 않은 것이 감사할 따름이다.

고등학생 때의 일이다. 집으로 한 통의 전화가 걸려 왔다.

"여보세요?"

"기섭이 있어요?"

"기섭이 없는데 누구세요"

"기섭이 친구인데, 누나세요? 길수한테서 전화 왔다고 전해 주세요."

"집에 들어오면 전해 줄게요."

짧은 대화가 오간 뒤 전화를 끊었다.

어느 날 기섭이가 말했다.

"친구가 누나 목소리 좋다고 소개해 달래."

기분이 설렜다. 엄마는 우는 목소리를 한다고 야단을 쳤는데, 남동생 친구는 누나 목소리가 좋다고 소개해 달라고 했단다. 사춘기 시절에 들은 말은 나에게 큰 위로가 되었다. 오십대가 된 지금도 '네 누나 목소리가 좋다.'라고 해준 말이 머릿속에 남아 있다.

"엄마! 나 서울 가서 회사 다닐 거야."

"여기서 엄마하고 살지. 서울 가서 어떻게 살려고. 아는 사람도 없는데 고생하지 말고 여기 있어. 엄마가 좋은 데 취직시켜 줄게."

"싫어, 서울 갈 거야. 여기서 취직도 안 되고 지겨워."

"잠은 어디서 자고 먹는 것은 어떻게 하려고!"

"친구 자취방에서 같이 생활할 거야. 걱정하지 마."

엄마가 집에 없는 틈을 타서 백팩에 속옷 2개와 여벌 옷, 수중에 있던 5만 원을 가지고 서울로 무작정 상경했다. 훗날 생각은 두 번째였다. 집에서 벗어난다고 생각하니 기분이 짜릿했다. 은근 흥분되어 콧노래가 나왔다. 엄마가 걱정하는 것은 생각도 안 하고 친구와 함께 지낸다는 생각에 마냥 좋았다. 반지하 10제곱미터(3평) 공간에서 3명의 동거가 시작되었다. 세 명이 누우면 방이 꽉 찼다. 좁은 거실과 주방은 자취생들이 공동으로 사용했다.

취업하기 위해 무료로 배포되는 〈교차로〉, 〈벼룩시장〉 등에서 적당한 일자리를 찾아보았다. 〈벼룩시장〉에 실린 구인 정보를 보고 이력서를 냈다. 1차 서류에 합격하여 2차로 면접을 보러 갔다. 면접장에는 늘씬하고 예쁜 취업 준비생 수십 명이 모여 대기하고 있었다. 내 옆에는 세련된 외모에 우아한 말투와 걸음걸이, 도도해 보이는 여성이 앉아 있었다. 머리가 길고 화장도 예쁘게 했다. 매력적인 몸매에 하이힐을 신고 있었다. 같은 여성이 보기에도 아름다웠다. 그렇게 서울 여자와 지방에서 온 여자가 처음 만났다. 최종 합격하면 서로 연락해 주기로 하고 헤어졌다. 며칠이 지나서 발표가 났다. 둘 다 불합격했다.

서로 위로해 준답시고 우리는 몇 번 만났다. 그때까지 둘 다 취직을 못 하고 있었다.

친구는 유심히 나를 바라보았다.

"형숙아! 할 말 있어."

"응. 무슨 말인데?"

"넌 말이 왜 그렇게 느리냐?"

헉! 내 얼굴이 빨개졌다.

"왜 내 말이 느려? 안 느리거든……."

당황해서 말끝이 흐려졌다.

"네 말이 느려서 너무 답답해."

친구는 앞에 앉은 사람 생각지도 않고 말을 했다.

"내 말이 그렇게 느려?"

조용히 물었다.

"응. 굼벵이 같아. 빨리 좀 말해. 듣는 사람 답답하다."

이 친구로 인해서 나의 말이 느리다는 것을 처음 알았다. 그동안 내가 말을 느리게 한다고 얘기해 준 사람은 엄마밖에 없었기에 이 사실을 모른 채 20대 중반까지 살았다. 그 후로 말을 빨리하는 버릇을 들이려 노력했지만 쉽지 않았다. 수십 년간 사용해 온 언어 습관이 하루아침에 바뀌겠는가.

하지만 소리 내어 책을 읽으면서부터 말하는 속도에 변화가 생겼다. 언어의 속도는 자라온 환경에서 비롯된다. 인식을 해야 바꿀 수 있다.

진짜 내 목소리를 찾아

"내 목소리가 아닌 것 같아요."

자신의 목소리를 녹음한 후 들어보면 자신의 목소리가 아니라 타인의 목소리처럼 느껴진다.

낭독 독서 모임에 참여한 회원 중에서 자신의 목소리가 마음에 들지 않는다고 이야기하는 사람이 제법 된다. 평소 '내 목소리'는 괜찮은 것 같은데, 녹음된 목소리를 들으니 어색하게 느껴진다. 하지만 다른 사람들이 듣는 나의 목소리는 녹음된 목소리와 같다.

"자신이 낭독한 오디오 파일을 들어 보셨어요?"

"제 목소리가 아닌 것 같아서 듣고 싶지 않아요."

"자신의 목소리를 들어봐야 단점을 고칠 수 있습니다."

"목소리가 좋지 않아서 안 듣고 싶어요."

2020년 8월 26일 낭독 특공대 프로젝트 1기를 처음 진행했다. 책을 낭독하는 사람을 우리는 성우라 부르기로 했다. 성우가 되고 싶은 마음을 담은 것이다. 이후의 글에서도 '성우'라는 표현을 사용할 것이다.

자신의 목소리가 싫다며 녹음된 목소리는 안 듣는 사람이 있다. 다른 사람이 오픈 카톡방에 공유한 것만 듣는다고 했다. 하지만 녹음된 자신의 음성을 들어봐야 자신의 목소리가 어떤지 판단을 할 수가 있고, 또 좋은 쪽으로 개선해 나갈 수 있다.

앞에서 이야기 했지만 우리가 듣는 음성은 입과 몸의 장기 등 여러 부분이 함께 울려서 내는 소리다. 자신이 듣는 건 본인의 목소리 중 저음부이다. 성대의 진동을 통해 만들어져 입술 밖으로 나간 소리는 공기를 타고 타인에게 전달된다. 즉 다른 사람은 내 목소리의 중음과 고음 위주로 듣게 된다.

우리의 목소리는 파동의 형태를 띠고 있다. 목소리는 폐에서 나온 공기가 성대를 통과하면서 발생한다. 목소리가 진동 형태로 공기를 통해 전달돼 상대방의 고막을 울려 뇌로 신호를 보내 소리를 듣게 된다. 하지만 성대에서 울린 소리가 뼈와 근육을 통해 직접 전달되는 소리는 타인은 들을 수 없고 오직 자신만 들을 수 있다.

자신이 말하는 것을 직접 들을 때는 음파에 진동음이 합쳐져서 더 낮거나 다르게 들리는 것이다. 자기 목소리를 더 굵고 안정된 목소리로 생각하고 듣게 된다. 녹음된 자기 목소리가 낯설게 들리는 이유는 진동음 없이 음파로만 듣기 때문이다. 남들이 듣는 자신의 목소리는 녹음된 목소리에 훨씬 더 가깝다.

많은 사람들이 녹음된 자신의 목소리를 낯설게 느끼고, 녹음된 목소리는 마음에 들지 않는다며 실망감을 숨기지 않는다.

지금 당장 자신의 목소리를 녹음해 보자. 무슨 말을 녹음해야 할지 모르겠다면 책꽂이에서 읽기 쉬운 책을 한 권 꺼내 들고 소리 내어 읽어보자. 스마트폰의 기본 어플로 녹음을 하거나 카톡의 녹음 기능을 사용해도 된다. 5분 정도 녹음한 후 녹음된 음성을 들어보자. 한 번도 자신의 목소리를 들어보지 않은 사람이라면 낯설게만 느껴진다. 자신의 목소리를 반복해서 들어야 익숙해진다. 한동안은 기계음의 낯선 향기만 느끼게 될 것이다.

녹음해서 듣고 수정하며 꾸준히 훈련하면 내가 원하는 목소리로 얼마든지 가꿀 수 있다. 녹음한 파일은 지우지 말고 꼭 간직하자. 목소리 훈련을 끝내고 나서 훈련 전과 훈련 후의 차이를 즉각적으로 확인할 수 있다.

자신의 목소리를 객관적으로 평가하기란 어렵다. 자신이 듣는 소리는 주관적일 수밖에 없다. '나는 목소리가 크고 발음도 정확한 편인데, 왜 전달이 잘 안 되지.'하고 생각한다. 그러나 녹음해서 들어보면 사람들이 왜 내 말을 잘 못 알아 듣는지 스스로 알게 된다.

물론 자신의 목소리를 듣는 건 낯설고 어딘가 불편하며 부끄럽기도 하다. 하지만 당신의 목소리와 친숙해지기 위해 지금 당장 자신의 목소리를 찾아가는 여정을 시작하면 좋겠다.

말은 마음을 비추는 거울이에요

당신이 하는 말은 당신의 마음 상태를 나타낸다. 말은 마음을 비추는 거울이다. 마음속 거울과 대화하는 시간을 가져본 적이 있는가? 자신도 모르게 부정적인 말을 내뱉고 있지는 않은가?

말을 잘하면 천 냥 빚을 갚지만, 말을 잘못하면 뺨을 맞기도 한다. 평소에 내가 자주 사용하는 말은 어떤 것인지 눈을 감고 생각해보자. 다음과 같은 부정적인 말을 자주 사용하고 있지는 않은가?

"안 돼!"

"할 수 없어!"

"싫어! 안 해!"

자신에게 자신에게 에너지와 용기를 주는 사람은 바로 자신이다. 보배로운 말을 하면 보석같이 빛나는 보배로운 존재로 살아가게 된다. 말 한마디에 웃고 울고 하는 것이 인생 아닌가.

하루에도 수많은 사건·사고가 발생한다. 이렇게 복잡한 세상에서 어떤 마음을 먹고 어떻게 세상을 바라보는지에 따라 완전히 다른 인생을 살게 된다. 마음을 잘 다스리지 않으면 자신을 잃어버리기 쉽다.

우리는 다른 사람에 대해 말하는 것을 좋아한다. 누군가 험담을 시작하면 맞장구를 치며 함께 거들기도 한다.

"너한테만 말해주는 거야. 절대 딴 데 가서 이야기하면 안 돼.!"

하지만 입에서 나가는 순간 비밀은 없다. 그러므로 다른 사람의 말과 행동에 대해서는 침묵하는 게 좋다. 잘못 옮기면 주워 담을 수가 없다. 칭찬은 널리 퍼트리고 나쁜 말은 듣지도 말자.

낮말은 새가 듣고 밤말은 쥐가 듣는다. 2년 전에 강북구 미디어센터에서 만난 송선희 선생님은 늘 긍정적인 말을 한다. 부정적인 말을 꺼내면 싹을 잘라버린다. 마음에 든다. 본받아야 할 점이다.

회사에서 근무할 때 내가 속했던 팀의 팀장은 그야말로 막가파보스였다. 자신의 기분에 따라 행동했다. 한번이라도 일을 실수하면 사무실이 들썩거릴 정도로 호되게 혼을 내며 소리를 질렀다. 실수한 것이 없어도 자신의 마음이 불편하면 기분이 풀릴 때까지 타인을 몰아붙여야 마음이 편해지는 사람이었다. 출근해서 상사의 눈치를 보는 것이 일과가 되었다. 잘못한 것도 없이 잔소리를 들을 때에는 정말 화가 나서 뛰쳐나가 울기도 했다. 자존감은 나락으로 떨어졌다. 회사를 그만두어야겠다고 마음을 먹은 적이 한두 번이 아니었다. 하지만 경제의 위기 앞에서 인내하고 다닐 수밖에 없었다.

자신이 '갑'이라고 큰소리치는 사람은 상대방의 마음은 안중에도 없다. 자신의 기분만 중요할 뿐이다. 갑질하는 회사에 오래 다니면 영혼은 병든다. 다른 사람의 마음을 존중할 줄 알아야 리더다. 수직적인 상하관계를 앞세우던 시대는 갔다. 지금 시대의 리더는 가르치고 통제하는 사람이 아니라, 배려하고 사람의 마음을 얻을 줄 아는 사람이다.

마음속에서 좋은 생각을 하면 좋은 말이 나온다. 혼자 사는 삶은 외롭다. 지치고 갈 곳이 없다. 만날 친구도 없다. 일이 잘 풀리는 사람은 부부 관계가 좋다. 가정이 화목하다. 그동안 말 때문에 힘든 인생을 살았다면 마음을 긍정적으로 바꾸는 것만으로도 좋은 말을 하게 되고 인생을 긍정적으로 끌고 갈 수 있다.

"고맙습니다."
"덕분입니다."
"사랑합니다."
타인을 존중하고 남탓을 하지 말자. 누군가의 도움을 얻었다면

"당신 덕분입니다."라고 마음에서 우러나오는 말을 하자. 아이도 어른도 자신을 존중해 주는 말을 좋아한다. 인격적인 말은 당신을 더욱 빛나게 만들어 준다.

제2부

책을 낭독하면 달라지는 것들

낭독을 하면 일과 관계가 술술 풀린다

책 속에 지혜가 있다. 산책하며 책을 읽는 것도 좋다. 책을 읽으면 그 속에서 신기하게도 해답을 찾을 때가 있다. 일이 풀리지 않을 때는 소리 내어 책을 읽어보자. 지인과 관계가 어려움에 빠졌을 때나 상사와의 관계에 문제가 있다면 책을 읽음으로써 해결해 나갈 수 있다. 지인과의 허심탄회한 대화도 좋지만, 그에 앞서 좋은 책을 선정해서 낭독하길 권하고 싶다.

누구나 일과 관계가 술술 풀리기를 갈망한다. 어느 한 곳 막힘없이 뚫렸으면 하고 바란다. 혈관이 막히면 동맥경화가 오고 뇌졸중이 온다. 고속도로의 어느 지점이 막히면 심각한 정체 현상이 일어난다. 일과 관계가 불균형을 이루면 삶에 행복이 없다.

필자 역시 낭독을 하기 전에는 무의식적으로 말끝(종결 어미)을 얼버무리는 습관이 있었다. 말끝을 흐리고 표현을 끝까지 하지 못했다. 부끄러워서 시선이 집중되는 것을 견디지 못했다. 자신감도 결여되어 있었다. 그러다가 소리 내어 책을 읽으니 우물거리는 습관이 조금씩 개선되기 시작했다.

사람과의 관계에서 목소리는 최고의 도구다. 비즈니스에서는 전문적인 용어를 사용하여 확신을 주는 말투를 사용해야 한다. 아나운서는 뉴스를 진행할 때 정확하게 신뢰감을 주는 말투를 사용한다. 신뢰감을 주기 위해서 억양 끝을 내려준다.

A 대표는 십시일강에서 주최하는 공개 특강을 듣고는 내게 화가 난 사람처럼 말을 불친절하게 한다는 평을 해주었다. 다들 평소 알고 지내는 사이라 말을 편하게 한 것이 처음 접하는 사람에게는 좋게 보이지 않았나 보다. 말하는 것을 보고 오해하는 사람이 잘못된 것일까? 아니면 오해하게 만든 사람의 잘못인가?

"김형숙 대표는 왜 이렇게 말이 짧아? 하다가 말아."
"제가 바쁘다 보니 답을 빨리 해야 해서 그렇습니다."
"바쁘면 하지 마. 안 하면 되지. 한가할 때 하라고."
평소 알고 지내던 B 대표가 카톡으로 대화를 주고받다가 대뜸 전화를 했다. B 대표는 조언을 한다고 이런저런 이야기를 했는데, 내 신경이 날카로워서인지 유난히 언성이 높게 들렸다. 잘되라고 하는 충고지만 그 때문에 기분이 상했다. 회사에서 쌓인 스트레스로 침체된 기분이었는데, 그런 상태에서 말을 들으니 귀에 영 거슬렸다. 충고를 하려면 듣는 사람의 상황과 마음 상태를 살펴보고 해야 한다. 마음이 평안해야만 충고를 기분 좋게 받아들인다. 듣는 이의 마음이 불편한 상황이라면 충고하지 않느니만 못하다.

밝고 친절한 사람을 만나면 기분이 상승한다. 사람을 만날 때 평소 자기 톤보다 한층 높여서 반가움을 표현하면 인사를 받는 상대방도 좋아한다. 대화에는 밀고 당기기가 필요하다.

그렇기 때문에 말하는 방법에 대한 연습이 필요하다. 속도의 변화만으로도 표현이 훨씬 맛깔스러워질 수 있다. 깊은 호흡과 정확한 발음으로 임팩트 있게 말함으로써 일상과 사업 모두 성공적인 방향으로 이끌어낼 수 있다. 인생을 조금 더 좋은 방향으로 살아가기 위해서는 올바르게 말하는 방법을 가르쳐주는 낭독 독서가 답이다.

지금까지 낭독 독서의 혜택을 본 분들의 이야기를 들어보면 다음과 같다.

A: "단순히 책 한 줄 낭독으로 시작한 지 6개월이 넘었어요. 한 시간 넘게 낭독해도 힘들지 않네요."

B: "처음엔 5분도 버거웠는데~, 혼자 했으면 지금까지 오지 못

했을 것 같아요. 함께하니 오래도록 할 수 있네요. 여러 가지 장점이 생겼습니다."

C: "발음이 또렷해졌어요."

D: "복식호흡으로 뱃살 빠짐 효과. 요거 최고!"

E: "호흡 조절을 하게 되니 폐활량이 좋아졌어요."

F: "미소 셀카로 자꾸 웃게 되니 표정이 밝아집니다."

G: "낭독 모임이 자연스레 독서 모임까지 연결되니 생각 나누기로 사고의 폭이 더 넓어지네요."

발음이 정확해지면 그 사람에 대한 이미지 역시 확연하게 달라진다. 발음은 연습을 하면 충분히 좋아질 수 있다.

말을 할 때는 복식호흡을 기본으로 한다. 목소리에 에너지가 생겨서 상대방에게 정확하게 전달된다. 책을 소리 내어 읽을 때도 복식호흡을 한다. 천천히 또박또박 발음을 정확하게 하면서 읽는다. 발음을 정확하게 하려면 한 글자 한 글자 정확하게 발음하는 훈련이 필요하다. 또한 입술과 혀, 턱, 목 등에 유연하게 움직일수 있도록 스트레칭을 해서 풀어주는 것이 좋다.

말끝을 흐리지 않고 명확하게 마무리하자. 말끝이 기어들어 가는 말투는 상대방에게 자신이 없고 소극적인 태도로 비칠 수 있다. 단어의 끝까지 정확하게 발음해야 한다. 소리 내어 책 읽는 습관, 즉 낭독을 통해 목소리가 변화되고 달라지면 일상과 업무에서 좋은 성과를 얻을 수 있다.

당당하게 예쁘게 말을 해야 주변에 사람이 모인다. 사람이 모이면 관계가 형성되고 하고 싶은 일을 하는 데 도움을 받을 수도 있다.

당신이 하고 싶은 말을 하는 것이 아니라 상대방이 듣고 싶은 말을 해야 한다. 다른 사람이 하는 말에 귀를 기울여야 당신이 원하는 것을 얻을 수 있다. 일이 술술 풀리는 비결, 사람과의 관계가 좋아지는 방법은 낭독 독서를 통해서 얻어진다. 일과 관계가 술술 풀려야 당신이 원하는 삶을 살 수 있다.

낭독을 하면 행복해진다

낭독 독서를 하면 마음이 행복해진다. 묵독으로 읽었을 때 느끼지 못했던 오감이 살아난다. 소리 내어 읽는 즐거움이 있다. 낭독의 바다에 '풍덩' 하고 빠져 사는 삶에서 소소한 행복을 느낀다.

낭독은 자칫 어렵고 어색하게 느껴질 수 있는 시, 소설, 수필 등 고유의 문학 텍스트를 소리 내어 읽으며 몸을 통해 느끼는 제3의 감각을 작동시킨다. 낭독에는 눈, 귀, 입만으로는 느낄 수 없는 오감의 조합으로 만들어지는 색다른 울림이 있다.

이미 수천 년 전에도 문학 작품을 읊는 낭독 행위는 있었다. 2,000년 전 그리스와 고구려에도, 그리고 수백 년 전 영국과 조선에도 있었다. 150여 년 전 영국의 소설가 찰스 디킨스는 영국 곳곳을 돌며 낭독회를 열어 수입을 얻었다는 기록이 남아 있다. '낭독'은 결코 새로운 행위가 아닌 인간 정서의 가장 고양된 한 행위이자 표현일 뿐이다.

조선 후기 소설을 전문적으로 읽어주던 낭독가를 전기수(傳奇叟)라고 한다. 전기수는 소설의 상업적 전달의 한 형태로 고전 소설을 직업적으로 낭독하는 사람을 말한다. 사람이 많이 모이는 곳이나 부유한 가정을 찾아다니며 소설을 읽어주고 보수를 받는 직업이었다.

소리 내어 책을 읽는 행위는 온전히 자신을 위한 소리를 자아내는 것이다. 낭독은 지금 이 순간을 즐기게 해준다. 마음이 불안하면 책이 손에 잡히지 않는다. 책을 읽어도 공허한 마음이 든다. 이럴 때는 큰 소리로 책을 읽어보자. 소리 내어 읽는 동안 불안한 마음이 정돈되고 가라앉는다. 스트레스를 받으면 조금씩 몸 속에 독이 쌓인다. 그것이 반복되면 마음에 병이 든다. 책을 소리 내어 읽다 보면 마음의 병이 치유된다.

엄마·아빠가 읽어주는 재미난 그림책과 동화를 듣다가 잠이 든 적이 있을 것이다. 5살 먹은 아이가 혼자서 책을 읽고 있다. 책 읽는 모습을 지켜보는 엄마의 마음은 감동의 도가니 그 자체다. 아이가 책을 읽을 줄 안다는 것만으로도 뿌듯함을 느낀다.

유아와 초등 저학년 아이들은 책을 소리 내어 읽는다. 책을 읽을 때마다 부모의 관심과 칭찬이 이어진다. 하지만 학년이 높아질수록 책 읽는 시간도 줄어들고 소리내어 읽는 시간도 줄어든다. 고학년이 되면 책 읽는 소리를 아예 들을 수 없다.

내가 낭독 프로그램을 처음 시작한 것은 2020년 8월 26일 수요일이다. 울산에서 미용실을 운영하는 김길숙 원장은 하루도 빠지지 않고 100일 동안 5분 낭독을 녹음해서 카톡으로 보내왔다. 그 노력에 감동의 물결이 몰려왔다. 100일 동안 혼자서 낭독한다는 것은 치열하고 외로운 자기와의 싸움이다. 누구와 경쟁하는 것도 아니고 혼자서 100일을 지속한다는 것은 기적에 가깝다.

12명의 멤버로 낭독 1기 90일 과정을 기분 좋게 시작했다. 각자 읽고 싶은 책을 골라서 낭독을 하기 시작했다. 처음에는 카톡 5분 녹음 기능을 이용해서 단톡방에 공유했다. 스마트폰의 기본 어플을 이용하거나 별도의 녹음 앱을 내려받아서 단톡방에 공유하기도 했다. 처음에는 혼자서 매일 올라오는 오디오 파일을 다 듣고 피드백을 해주었다. 출퇴근 시간과 점심시간, 가사 시간을 이용해 들었다. 점차 성우들도 서로 음성 파일을 듣고 칭찬과 격려를 해주도록 했다. 나 혼자서 듣고 칭찬하는 것보다 그 효과는 배로 커졌다. 처음 90일 1기를 시작한 성우들은 끈끈한 정으로 뭉쳤다. 그들은 아직도 가슴에 남아 있다.

낭독모임을 계속 하고 싶었지만 코로나19 바이러스에 감염된 엄마와 병실에서 함께 생활하며 돌봐야 하는 상황이라 중도에 포기한 성우가 있었다. 마음이 아팠다. 연로하고 인지 능력이 떨어진 엄마를 돌보느라 병실에 갇혀 그분은 어쩔 수 없이 중도 하차를 했다.

부산에서 지역아동센터를 운영하는 K 성우는 뇌에서 종양이 발견되었다. 그런데도 종양 제거 수술을 하는 날까지 낭독을 지속하는 열심을 보였다. 수술 직후에 미소 셀카는 찍지 못했지만, 카드뉴스를 꾸준히 올렸다. 2021년 5월 낭독 특공대 워크숍 때 부산에서 만났다. 줌 온라인 화상과 사진으로만 보다가 실제로 만나니 오랫동안 만나왔던 사람처럼 반가웠다. 부산의 민들레 카페에서 고급스러운 도자기 주전자와 차상을 마주한 채 대화를 나누었다. 건강한 모습을 보니 마음이 놓였고 감사했다.

이처럼 성우들이 낭독한 음성 파일을 매일 들으면 멀리 떨어져 있어도 가까이 있는 것처럼 느껴진다. 옆에서 속삭이는 듯하다. 친숙한 음성이 마음을 편안하게 해준다.

낭독은 소리 내어 글을 읽는 음독(音讀)의 하나이다. 묵독(默讀)의 상대어다. 음독에는 낭독·낭송(朗誦)·낭영(朗詠) 등이 있다. 오늘날에는 이들을 통틀어 낭독이라고 한다. 음독에는 자기 혼자서 소리 내어 읽는 경우와 남에게 글의 내용을 전달하기 위해 나직한 소리로 읽는 경우가 있다. 낭독은 낭랑한 음성으로 글의 이미지나 정서를 표현하여 다른 사람에게 효과적으로 전달한다.

낭독의 형식으로는 혼자서 읽는 경우, 여러 사람이 다 같이 읽는 경우, 몇 사람이 일부분씩 분담해서 차례차례 읽는 경우, 배역을 정해서 희곡을 읽는 경우 등이 있다. 이러한 것들은 연극적 표현 기술을 익히는 수법으로 매우 중요하다. 낭독할 때에는 글의 내용을 충분히 이해한 다음 그 글의 내용이나 이미지·정서 등을 듣는 사람에게 정확하게 그리고 효과적으로 전달할 수 있어야 한다. 음의 고저, 장단과 완급에 유의해야 한다. 자기만 알아들을 수 있는 작은 소리로 읽는다든지, 자기도취적인 음성으로 과장해서 읽으면 도리어 낭독의 효과가 줄어들게 된다. 또한 낭독은 말하기·듣기·이해하기·글짓기·글씨 쓰기 등과 마찬가지로 국어교육의 중요한 분야이다.

[출처 : 국어국문학자료사전]

소리 내어 책을 읽으면 마음이 행복해진다. 마음이 행복해지고 부유해지는 방법은 낭독 독서를 하는 것이다. 낭독은 하면 할수록 마음에 기쁨과 신뢰를 준다. 낭독하면서 마음에 평정을 찾았다. 불안한 마음이 사라졌다. 낭독은 마음을 기쁘고 즐겁게 해준다.

낭독은 치유의 과정이다

인생에서 가장 중요한 날은 자신이 태어난 날이다. 그리고 두 번째로 중요한 날은 새로운 것을 깨달아 인생의 전환점이 된 날이다. 낭독을 만나기 전까지 내게는 내면의 깊은 곳에서 어두운 그림자가 따라다녔다. 그늘진 마음은 쉽게 음지를 벗어나지 못했다. 하지만 낭독을 시작하면서 음지를 벗어나 양지를 지향하게 되었다. 그러면서 내 안의 나와 만나게 되었다. 즉 묵독으로 느끼지 못했던 자신의 내면세계를 낭독을 통해 마주 대하게 된 것이다. 그렇게 책을 소리 내어 읽으면서 내면에서 치유가 일어난다는 사실을 발견했다.

낭독 독서 모임을 시작한 것은 내게 큰 행운이다. 지금까지 독서 모임에 참여해 본 적은 있지만 리더로 활동하게 된 것은 처음이다. 앞서 이야기한 것처럼 울산에 사는 김 원장은 혼자서 낭독을 곰처럼 해냈다. 단군 신화에 나오는 곰도 아닌데 말이다. 어떻게 홀로 백일 동안 낭독하는 의지를 발휘했을까?

단군 신화에 따르면 곰과 호랑이가 인간이 되고 싶다며 환웅을 찾아갔다. 환웅은 쑥과 마늘을 먹으면서 100일 동안 동굴에서 지내라고 한다. 도중에 성질 급한 호랑이는 참지 못하고 뛰쳐나간다. 곰은 끈기 있게 인고의 세월을 보내어 여성으로 변모하였고, 결국 환웅과 결혼하여 아이를 낳는다. 김 원장은 이렇게 곰처럼 인내한 끝에 낭독가로 변신했다. 김 원장이 유튜브 특강에서 나의 조언을 듣고 행동으로 옮기지 않았다면 이처럼 낭독하는 즐거움을 누릴 수 있을까?

유튜브 원데이 클래스 시간에 김 원장을 처음 만났다. 자기소개 시간에 "저는 제 목소리가 싫습니다. 자갈치 아줌마 목소리처럼 쉰 목소리가 나요."라고 고개를 숙인 채 말을 했다. 자신감이 없어 보였다. 그녀의 어깨가 작아 보였다

나도 모르게 불쑥 이야기를 꺼냈다.

"소리 내어 책을 읽어보세요."

"다른 분이 이야기하면 귀에 안 들어왔는데, 강사님이 말씀하시니까 한번 해 볼게요."

김 원장이 과감하게 행동으로 옮기지 않았다면 지금의 나 역시 없었을 것이다.

김 원장이 책을 읽고 녹음해서 매번 카톡으로 보내주면 그것을 듣고 또 들었다. 김 원장의 쉰 목소리와 경상도 사투리가 나아지기를 바라면서 말이다. 카톡에 5분 녹음해서 보내기 위해 40분에서

한 시간을 연습하여 녹음했다고 한다. 노력과 정성이 대단했다. 멘토라 생각하여 믿고 보내주는 성의가 고마웠다.

시간이 흘러갈수록 그녀의 허스키한 목소리의 음성 파일이 카톡에 올라오기를 은근히 기다리게 되었다. 외근하는 날이 많아 이동하면서 반복해 들었다. 조금 늦는 날이면 '어디 아픈가? 많이 바쁜가?' 하고 걱정이 되기도 했다. 100일이 끝나갈 무렵 김 원장이 불쑥 제안했다.

"강사님, 제가 낭독을 해보니까 너무 좋아요. 우리 낭독 모임해요."

"네? 낭독 모임을 하자고요? 할 사람이 있을까요?"

사람이 모이지 않을 것 같아 반문했다. 경험도 없었고 자신도 없었다.

"제가 모아 볼게요. 강사님도 모아 보세요."

누가 참여할까 싶어 망설였다. 그러던 어느 날 김 원장이 반가운 목소리로 전화했다.

"강사님! 제가 3명을 모았어예. 시작하실 거죠?"

낭독을 배운 것도 아닌데 어떻게 해야 하나 난감했다.

"강사님도 홍보하시고 시작해요. 더 안 모여도 우리 5명이 하면 되는 거 아닌가예? 그렇지예?"

"아, 네. 그렇지요"

겁이 났지만 용기 내어 대답했다.

운영하고 있는 십시일강 오픈 카톡방에 광고하고, 다른 오픈 카톡방마다 공유했다. 그 결과 첫 낭독 독서 모임에 11명이 모였다. 이럴수가! 생각보다 많이 모였다. 많은 사람들이 책을 소리 내어 읽고 싶어한다는 것을 느꼈다.

김 원장의 제의에 못 이기는 척 그렇게 2020년 8월 26일 낭독 모임을 시작했다. 단톡방을 만들어서 회원들을 초대했다. 나를 포함해서 12명이었다. 김 원장은 "11명이니까 축구팀이라고 부르는 건 어때요? 강사님은 감독하세요." 이렇게 해서 '낭독 축구팀'이 만들어졌다. 정예 축구팀으로 90일 동안 여정이 진행되었다.

지금까지 낭독하는 것을 정식으로 배워본 적이 없다. 책을 소리 내어 읽어본 경험은 초등학교 저학년 때와 출산 후 아이가 어렸을 때 동화책을 읽어준 것이 전부다. 준비 없이 그냥 시작했다. 책은 자유롭게 선택하고, 카톡방에 녹음 파일을 공유하는 것으로 낭독모임이 출발했다. 한 달쯤 지날 무렵 김 원장이 제안했다.

"강사님예, 낭독하는 사람들끼리 모여 있으니 성우라고 부르는 건 어때요?"

"우아, 아주 좋은 생각입니다."

모두들 신이 나서 찬성했다. 어디서 그런 아이디어가 나오는지 감탄했다.

그 후로 우리는 낭독 특공대 회원들을 서로 '성우'라고 불렀다. 낭독 특공대는 낭독 독서 모임의 명칭이다. 낭독하는 사람으로서 책 읽는 문화를 가정과 직장과 대한민국에 전파하자는 목적으로 이름을 지었다.

김 원장이 보낸 카톡 내용이다.

"혼자 십시일강에서 100일을 낭독 후 김형숙 강사님께서 만든 온라인 90일, 60일 낭독방에서 열심히 낭독하고 있는 김길숙입니다. 그때 제가 생장작이었던 것 기억하시나요? 약 6개월을 매일 1시간씩 낭독하니 목소리도 많이 좋아졌어요. 지금도 아주 낭독 잘하고 있습니다.

처음 시작할 때는 한국인인데도 한글을 잘 못 읽는 난독증 증세가 있었나 봅니다. 이렇게 못 읽는데 어떻게 올리느냐며 제가 버티고 있을 때, 김형숙 강사님께서 나중에 길숙 선생님을 통해 동기 부여를 받는 분이 분명 있을 거라고 하신 말씀이 생각나네요. 12월 초 온라인 낭독 2기가 시작됩니다. 관심 있으신 분은 김형숙 강사님께 연락하세요. 하하."

홍보도 자연스럽게 해 주었다. 김 원장은 낭독을 통해 난독증에서 벗어났다.

유튜브 일일 강좌를 하지 않았다면 보석같이 소중한 사람을 만나지 못했을 것이다. 반짝반짝 보석 같은 사람을 만났고 기회를 잡

았다. 기회는 멀리서 오는 것이 아니다. 행운은 늘 자신과 가까운 주
변에 있다.

코로나19로 현실의 한계에 부딪히고 있지 않은가? 현실이라는
벽으로 막혀 있는가? 내가 가고 싶은 곳의 문이 닫혀 있어 앞이 보
이지 않는가? 인생의 문이 닫히면 낭독으로 문을 열면 된다. 굳게
닫힌 문은 낭독을 통해 열자. 길이 막혀 있으면 낭독을 통해 새로운
길을 개척할 수 있다. 낭독은 난독증을 해결해 준다. 낭독은 내면을
치유하는 힘이 있다. 낭독은 묵독을 통해서 얻지 못했던 내면의 나
를 만나서 힐링시켜 주는 놀라운 효과가 있다.

낭독도 운동이다

잠자리에서 일어나기 전 기지개를 켠다. 두 다리를 쭉 뻗고 만세를 부르며, 새벽에 읽어야 할 책을 머리 속에 떠올린다. 오늘도 나에게 많은 시간이 선물로 주어졌다. 예쁘다고 해서 더 많은 시간이 주어지는 것도 아니고, 얄밉다고 해서 적은 시간이 주어지는 것이 아니다. 신은 모두에게 똑같은 24시간, 1,440분, 86,400초라는 시간을 선물로 주었다.

낭독을 시작한 지 2년이란 시간이 지났다. 아침에 잠이 많던 내가 새벽 6시에 일어나게 된 것은 낭독 특공대 성우들 덕분이다. 길숙 성우는 새벽 6시에 일어나 낭독한 것을 카톡방에 공유했다.

'아휴! 한 시간쯤 더 자면 좋겠는데, 길숙 성우는 잠도 없나?'

혼자 중얼거리며 떠지지 않는 눈을 비볐다. 회원이 이렇게 부지런한데 리더인 내가 잠을 자고 있을 수는 없었다. 화장실에 가서 거울을 물끄러미 바라보았다.

'잠잘 시간도 부족한데 왜 독서 낭독 모임까지 운영해야 하는 거지?'

이런 생각이 들다가도 모두의 성장을 위해 이 상황을 즐겨보자고 다짐하니 잠이 확 달아난다.

소리 내어 책을 읽으면 전두엽이 활성화되면서 뇌가 분주하게 운동을 한다. 낭독은 뇌와 발성 기관을 동시에 훈련하는 가장 좋은 방법이다. 또한 문장 구조를 자연스럽게 터득하게 되니 글쓰기에도 효과적인 방법이다.

낭독 독서 훈련은 하루 10분으로 말하기·듣기·읽기·쓰기에서 높은 효과를 보인다. 말을 할 때 혀가 꼬이거나 단어가 생각나지 않는다면 발음, 발성, 호흡 연습을 충분히 하지 않아서 그렇다. 책을 소리 내어 읽으면 소리를 식별하는 능력이 생긴다. 문장의 구조를 파악하게 되어 이해력을 높이고 더 잘 기억할 수 있게 된다. 반복해서 책을 읽다 보면 저자가 말하고자 하는 의도를 쉽게 파악할 수 있다.

조선시대 화가인 단원 김홍도의 〈풍속도첩〉 중 서당을 그린 작품이 있다. 훈장님과 아이들은 소리 내어 책을 읽는다.

"하늘 천, 땅 지, 검을 현, 누를 황……."

옛날부터 우리 선조들은 천자문을 비롯하여 각종 서적을 소리 내어 읽었다. 낭독하면 소뇌가 활성화된다는 사실을 알고 있었기에 그런 것이 아닐까?

뇌과학자인 가와시마 류타 교수는 《뇌력 일기장》에서 "뇌를 활성화하는 가장 효과적인 방법은 소리 내어 글 읽기"라고 했다. 서유현 가천대학교 뇌과학연구원장은 "일정한 소리를 내면서 책을 읽으면 뇌의 더 많은 영역이 움직이면서 뇌 발달에 더 유익하다."라고 했다. 묵독을 했을 때와 낭독을 했을 때 우리의 뇌는 확연한 차이를 보인다는 연구 결과도 있다.

"낭독하면 운동이 됩니다. 낭독해 보세요."

이렇게 이야기하면 말도 안 되는 소리 하지 말라고 하는 사람도 있겠지만 이것은 사실이다. 걷고 뛰고 달리는 것만 운동이 아니다. 우리 몸의 신체 내부도 말하고 듣고 기억하는 운동을 한다. 기억도 일종의 운동이라는 말에 공감이 간다.

수영을 배우고 싶었지만 물이 무서워서 엄두를 내지 못했다. 20대 중반에 용기를 내어 체육관에 등록했다. 두려움으로 시작한 수영은 시간이 갈수록 재밌게 느껴졌다. 새벽반에 등록해서 즐겁게 배웠던 기억이 난다. 발이 바닥에 닿지 않아서 허우적 거리다가 의도치 않게 많은 물을 먹기도 했다. 물에서는 락스 냄새가 심하게 났다. 하지만 물에 뜬다는 것이 그저 신기하기만 했다. 수영을 배울 때 복식호흡하라고 말하지 않았지만 복식호흡을 사용했던 것 같다. 물속으로 들어가면서 '음~~~~' 하며 호흡을 길게 내보냈고 물 밖으로 고개를 내밀어 짧은 순간에 숨을 들이 마셨다. 오랜 시간이 지나도 몸은 자신이 한 일을 기억하고 있다. 어쩌다 수영장에 가도 물속에 가라 앉지 않는 것은 몸으로 익혔기 때문이다.

2005년도부터 운전을 하다가 2010년도에 자동차를 폐차한 뒤로는 운전을 하지 않았다. 2017년 회사에 취업하면서 운전을 다시 하게 되었다. 한 동안 운전을 안 했기에 겁이 났지만 운전석에 앉는 순간 걱정은 눈 녹듯이 사라지고 룰루랄라 콧노래마저 흘러나왔다. 한동안 운전하지 않다가 운전대를 잡으니 신이 나서 액셀러레이터를 마음껏 밟으면서 자유로를 달렸다. 얼굴에는 싱글벙글 미소가 번져 나갔다. 날개 달린 천사가 된 기분이었다. 이처럼 머리는 기억을 못 하지만 몸은 기억하고 있다.

묵독으로 책을 읽을 때는 글을 눈으로만 본다. 귀로 듣고 입으로 말하지 않는다. 눈 운동만 한다. 소리 내어 책을 읽을 때는 문자를 보기 위해 눈을 움직인다. 고막이 떨려서 귀로 듣는다. 입을 벌려 책을 읽으면 미각을 느낄 수 있는 혀와 성대까지 동시에 움직인다. 시각, 청각, 입 운동 등 많은 자극이 동시에 이루어져 뇌가 활성화된다. 묵독보다 낭독은 뇌의 여러 영역을 사용해서 반복된 운동을 함으로써 기억력이 상승한다. 낭독을 하면 묵독에 비해 책 내용이 잘 기억되는 이유는 입으로 말하고 귀로 듣고 눈으로 보는 운동을 하기 때문이다.

"내가 그의 이름을 불러주기 전에는 그는 다만 하나의 몸짓에 지
나지 않았다. 내가 그의 이름을 불러주었을 때 그는 나에게로 와서
꽃이 되었다."

김춘수 시인의 시 〈꽃〉 일부분이다. 소리 내어 읽어보자. 시각,
청각, 입 운동으로 오감이 자극되고 뇌가 활성화되는 것을 느낄 수
있을 것이다.

말과 행동은 근육 운동이다. 기억과 생각은 신경 운동이다. 낭독
독서는 연결과 출력의 기반이 되는 입력의 문(gate)이다. 입력이 있어
야 결과가 나온다. 전산 용어 중에 'Garbage in Garbage out'이
있다. '쓰레기가 들어가면 쓰레기가 나온다.'라는 말이다. 정보와 지
식의 입력으로 감각 중추를 활성화한다. 기억 중추 및 생각 중추를
활성화해 연결한다. 언어 중추 및 운동 중추를 활성화해 말과 글의
행동 단계로 이어진다. 독서 낭독은 입력을 위한 감각 운동으로 뇌
활동의 시작이라고 할 수 있다. 또한 전두엽을 활성화하는 운동 방
법으로 좋다. 매일 같이 뇌를 자극하여 활성화하는 낭독 운동을 실
천하자.

낭독을 하면 잠자던 영혼이 깨어난다

낭독은 사람을 끌어들이는 강력한 마력이 있다. 낭독을 하면 책 읽는 즐거움에 푹 빠져서 헤어 나올 수가 없다. 이해되지 않던 문장도 쉽게 이해되는 경우도 있다. 다양한 생각들이 꼬리에 꼬리를 물게 되고 머릿속에 화학 작용이 일어나 뇌를 활성화한다. 타인의 글에 내 생각을 덧붙여 새로운 창작물을 만들어낼 수도 있다.

처음에는 조금만 책을 소리 내어 읽어도 목이 아프다. 복식호흡을 하면서 책을 읽어야 하는 이유이다. 복식호흡을 하며 책을 소리 내어 읽으면 오랜 시간이 지나도 목이 아프지 않다. 낭독을 함께 했던 김나경 성우는 3시간 동안 녹음을 했다고 말했다. 목이 아프지 않고 자꾸 낭독하고 싶어진다고 했다.

난독증이 있으면 짧은 문장도 읽기 어렵다. 낭독은 활자에 집중하게 되어 묵독보다 읽는 속도가 느리다. 낭독하면서 내 목소리를 듣게 된다. 처음에는 낯설게 느껴진다. 평소 들어보는 경험을 하지 않았기 때문이다.

초등학교 저학년 시절로 돌아가 보자. 칠판에 쓰여 있는 구구단을 소리 내어 읽었다. 반 아이들이 큰 소리로 따라 했다. 선생님이 한 명씩 시켜서 외우지 못하면 남아서 외우도록 했다. 큰 교실에 10여 명이 남았다. 일찍 귀가하는 아이들을 부러워하면서도, 왜 외워야 하는지 이해되지 않았다. 외울 때까지 집에 보내주지 않는 선생님과 애꿎은 숫자들이 얄밉기만 했다.

그렇게 소리 내어 외운 구구단을 50세가 되어도 잊어버리지 않는 이유는 뇌 운동을 통해 기억했기 때문이다. 뇌는 반복을 통해 기억한다. 학교에 다닐 때 배운 수학 공식은 시간이 흐르니 기억나지 않는다. 초등학생 때 배운 수영은 한동안 안 하다가 중지하고 나이를 먹어서 다시 시작해도 금세 잘할 수 있다. 현관 도어록의 비밀번호를 거의 무의식적으로 누른다. 번호를 생각해서 누르려고 하면 오히려 기억이 안 난다. 손이 가는 대로 누르면 신기하게 문이 열린다. 그것은 몸이 기억했기 때문이다. 몸이 기억한 것은 절대 잊어버리지 않는다. 우리가 소리 내어 낭독해야 하는 이유가 바로 이것이다. 묵독과 낭독을 했을 때 낭독이 묵독보다 20~30% 기억력이 높게 나온다는 연구 보고도 있다.

2013년 9월 EBS 역사 채널e에서 〈낭독의 달인 전기수〉 편이 방

영되었다. 전기수(傳奇叟)는 조선 후기에 소설을 전문적으로 읽어주는 낭독가를 뜻한다. 소설이 수적으로 증가하고 향유하는 층이 확대되면서 점차 대중적 기반을 마련하게 되었다. 이 시기에 소설을 읽어주고 일정한 보수를 받는 직업적인 낭독가, 바로 전기수가 등장했다. 전기수 중에는 부유한 가정을 찾아다니며 소설을 읽어주고 보수를 받았던 《요로원야화기》의 김호주 같은 부류가 있었다. 다른 하나는 도시를 중심으로 사람의 왕래가 잦은 곳을 택하여 자리를 잡고 앉아 소설을 읽어주고 일정한 보수를 받는 부류도 있었다.

조수삼(趙秀三)의 《추재집(秋齋集)》 〈기이편(紀異篇)〉에 전기수에 대한 기록이 전해진다. 그 내용은 다음과 같다.

"전기수는 동문 밖에 살았다. 언과패설(국문 소설)인 《숙향전》, 《소대성전》, 《심청전》, 《설인귀전》 등과 같은 전기를 구송하였다. 구송은 소리 내어 외우거나 읽는 것을 말한다. 월초 1일은 제일교 아래에 앉고, 2일은 이교 아래에 앉고, 3일은 이현에 앉고, 4일은 교동 입구에 앉고, 5일은 대사동 입구에 앉고, 6일은 종루 앞에 앉았다. 이렇게 거슬러 올라갔다가 7일째부터는 다시 내려오고, 내려왔다가는 다시 오르고 하여 한 달이 차면 다음 달에 또다시 반복하였다."

전기수는 책을 읽는 솜씨가 뛰어나서 주위에 많은 사람이 모였

다. 읽어가다가 아주 긴요하여 꼭 들어야 할 대목, 클라이맥스에
이르러 문득 읽기를 그치면 사람들은 그다음 대목을 듣고 싶어서
다투어 돈을 던져주었다. 이것이 이른바 요전법이다. 도서관처럼
주변이 조용한 것도 아니었다. 시장 바닥처럼 사람의 왕래가 잦은
곳이었다.

요전법은 조선 후기의 직업적 소설 낭독가인 전기수가 중요한 대목
에 이르렀을 때 갑자기 낭독을 멈추어 돈을 벌어들이는 수법으로, 오
늘날의 TV 프로그램이나 동영상 콘텐츠에서도 비슷한 원리로 사용된
다.*(출처 : 네이버지식백과)*

잠시 눈을 감고 생각에 빠져든다. 조선 시대 전기수처럼 낭독가
가 되는 꿈을 가져본다. 책의 내용을 숙지하여 이해하고 암기해야만
재미난 구성으로 이야기를 들려줄 수 있다. 이야기는 청자의 관점에
서 흥미로워야 한다.

주변에서 하루 한 권 책 읽기 독서 프로그램이 진행되고 있다.
속독법으로 책을 읽으면 30분 만에도 한 권을 읽을 수 있다고 한다.
사람들은 짧은 시간에 많은 책을 읽으려고 한다. 나는 10권의 책을
읽는 것보다 한 권의 책을 정독하는 것이 낫다고 생각한다. 책은 한
번 읽고 버리는 것이 아니라 완전히 내 것이 될 때까지 읽고 또 읽어

야 한다. 그러기 위해서 낭독은 훌륭한 독서 방법이다.

낭독은 수험생과 학생들에게 좋은 공부 방법이다. 공부한 것을 더 잘 기억에 남길 수 있다. 건망증을 없애고 기억력을 향상시킬 수 있다. 눈으로만 읽는 것보다 입으로 소리 내어 읽으면 오래 기억에 남는다. 아이들을 대상으로 낭독하는 A 그룹과 묵독하는 B 그룹으로 나누어 실험한 결과 두 번 다 낭독하는 팀이 20% 이상 좋은 결과를 보였다.

아름다운 글을 소리 내어 읽으면 가장 먼저 내가 듣는다. 내면의 나를 찾아가는 황홀한 여행이 시작되는 것이다. 지금 바로 책꽂이에서 책을 꺼내어 낭독을 시작하자. 아니 지금 손에 들고 있는 이 책을 낭독해 보길 바란다. 낭독은 잠들어 있는 나의 거대한 영혼을 깨우는 가장 쉬운 방법이다.

낭독으로 일과 관계를 한꺼번에 잡자

소리 내어 읽는 독서는 일과 관계를 잘 유지할 수 있도록 해준다. 하루라도 낭독을 하지 않으면 입에 가시가 돋는 것 같다. 어딘가 모르게 허전하게 느껴진다. 회사 생활을 하면서는 주로 외근 중에 낭독한 음성 파일을 들었다. 집에서도 녹음 파일을 들으면서 집안일을 한다.

낭독 독서 모임에 참여한 성우들은 출퇴근할 때 다른 성우들이 올려놓은 녹음 파일을 들으면서 이동할 수 있어 좋다고 했다. 스마트폰만 있으면 언제 어디서나 녹음할 수 있고, 청취도 가능하다. 지원 성우는 지하철을 타고 이동하면서 녹음도 하고 청취도 한다. 마스크를 쓰니 아무도 녹음하는 줄 모른다고 좋아한다. 통화 중에도 깨알같은 재미를 느끼고 있는 것이 전화기 너머로 들려왔다.

홍현정 성우는 "하고 싶은 일들을 내려놓는 과정에서 낭독을 만나게 되었다. 낭독을 하다보니 다시 무한 감사를 회복하게 되었고 낭독으로 복식호흡을 하면서 폐활량과 호흡의 안정을 갖게 되었다. 처음엔 10분 낭독도 힘들었지만 지금은 2시간 넘게 낭독도 쉽게 할 수 있게 되었다. 반복! 반복! 반복! 반복으로 인한 낭독의 근육이 쌓였음을 실감한다. 말하는 데 여유가 생겼고 발음이 좋아지니 또박또박해져서 스피치가 한결 부드러워졌다."라고 했다.

코로나19 이전의 세상에서도 목소리는 중요했다. 지금은 더욱더 목소리가 중요한 시대다. 코로나19가 끝날 것 같으면서도 끝나지 않고 계속해서 변이된 바이러스가 등장하고 있다. 언제 종식될지는 아무도 모른다. 대면으로 만날 수 있는 세상이 빨리 오면 좋겠지만 시대의 흐름은 이제 온라인으로 간 지 오래다. 온라인에서 수익을 올릴 수 있는 채널은 라이브 커머스, 팟빵, 유튜브, 밀리의 서재, 네이버 오디오 클립, FLO 등 다양하다. 녹음 파일을 SNS에 업로드하거나 청취할 수 있다. 자신이 가지고 있는 개성적인 목소리를 활용할 수 있는 분야가 무척 많다.

이처럼 낭독을 통해 자신의 목소리는 삶을 긍정적인 방향으로 흘러가게 한다. 낭독 독서를 시작하면서 모든 일이 즐거워진다. 직장 생활은 다람쥐가 쳇바퀴 돌 듯 같은 일을 반복적으로 해야 하기에 무료하고 삶도 그다지 재미가 없었다. 따분함 그 자체였다. 삶의 활기를 찾아줄 돌파구가 필요했다. 그때 낭독 독서 모임을 시작했다. 다른 사람들과 관계를 맺으면서 새로운 활력을 찾아갔다. 랜선으로 만나서 어색할 것 같다는 생각은 염려에 불과했다. 오프라인 못지않게 즐겁고 유익한 모임으로 성장해 갔다. 몸의 세포가 깨어났다. 20대의 활력을 되찾았다. 원하는 것을 할 수 있다는 것에 강한 자부심을 느꼈다. 독서를 하면서 꿈을 찾고 자신의 내면을 찾아간다. 그동안 잊어버리고 있던 꿈들이 다시금 깨어나 숨을 쉬고 있다.

마법 낭독 특공대 멤버인 한미정 성우가 말했다.

"우리 마법 낭독 특공대들 대단해요. 아침부터 요란하게 울어댑니다. 자기 좀 봐달라고요. 낭독을 해보세요. 내 목소리를 책을 읽으며 들어보세요. 처음에는 너무 이상하고 내 목소리가 이렇게 촌스럽다고! 그런데 내 목소리잖아요. 내가 나를 사랑해 주어야죠. 이제는 내가 인정하는 목소리를 찾아가고 있답니다. 귀엽지 않은가요?"

아침이면 낭독 특공대 오픈 채팅방에 성우들의 낭독 파일이 하나, 둘 올라온다. 성우들이 읽는 책의 분야는 다양했다. 각자 가지고 있는 이미지가 다르듯 목소리도 제각각이다. 책을 낭독하는 음원을 들으면 감정이 살아나 흐느끼기도 하고 때론 웃기도 했다.

유난히 외근이 잦아서 이어폰을 귀에 꽂고 다니다시피 했다. 덕분에 성우들이 카톡방에 올린 음성을 처음부터 끝까지 놓치지 않고 들었다. 장거리 출장을 갈 때는 보조 배터리와 충전기를 필수로 챙겼다. 낮에 근무하면서 틈나는 대로 성우들과 전화로 소통했다. 여건이 되지 않으면 카톡 채팅방에 댓글을 남겼다. 90일 1기 과정에 참여한 성우들에게 깊은 애정이 쌓였다. 매일 음성을 듣다 보니 직접 만나는 듯한 착각도 일어났다. 음성 녹음파일이 올라오지 않으면 궁금했다. 지금도 그때 함께 했던 성우들의 얼굴이 머릿속을 맴돈다. 회사가 바빠서 틈이 안 날 때는 이모티콘과 선물을 보내서 관심을 표현했다. 씨를 심고, 물을 주고, 거름을 주어 작물을 키우는 것처럼 정성을 쏟았다.

일과 관계를 한꺼번에 잡는 방법은 자신이 좋아하는 커뮤니티에 가입하는 것이다. 나라면 낭독 독서 모임에 가입해서 함께하는 것을 추천한다. 책을 소리 내어 읽고 자신의 의견을 말하다 보면 자신감이 붙는다. 발표력이 쌓여 당당하게 말을 할 수 있다. 내면에 감추어진 나와의 대화 시간이 생긴다. 여건이 안 되면 혼자서라도 소리 내어 책 읽기를 추천한다. 하지만 혼자서는 생각할 수 없었는 일이 함께하면 놀라운 시너지 효과를 낸다. 일보다 중요한 것은 사람과의 관계이다. 사람과의 관계가 원만하면 일이 술술 풀린다.

행복한 삶의 성취는 자기 일을 소중히 여길 때 시작된다. 일과 관계를 한꺼번에 잘하기 위해서는 낭독과 친구가 되어야 한다. 낭독 독서는 일과 관계를 한꺼번에 잘할 수 있도록 징검다리 역할을 해준다.

낭독을 통해 영향력이 높아진다

사람의 심리를 움직이는 낭독이야말로 영향력을 높일 수 있는 최고의 무기일 것이다. 사람과의 관계에서 목소리를 통해 신뢰감을 얻을 수 있다. 그렇기 때문에 사람의 마음을 움직이는 낭독은 자신의 역량을 높일 수 있는 최고의 방법이 된다.

이른 아침에 연희 성우가 카톡을 보냈다.

"저 정말 어쩜 좋죠? 대표님 만나고 날마다 너무 행복해서 대표님 너무 만나고 싶은 거 있죠? 정말 잘될 거 같고 또 용기가 생겨요. 오늘 강의 듣고 희망이 생겼어요. 매번 유익한 강의 너무 감사해요. 혼자서 이 모든 일을 하시는 대표님 정말 너무 존경스러워요. 감사합니다."

작은 독서 모임을 통해서 사람의 마음에 감동을 줄 수 있다니 놀랍기만 하다. 십시일강 낭독 독서 모임을 운영하게 된 것에 감사하게 되는 순간이다. 아! 이것이 행복이구나. 이처럼 행복은 자기 주변에서 소소하게 일어난다.

연희 성우로부터 메시지를 받고 나니 내가 하고 있는 일의 무게감이 느껴졌다. 사랑하고 또 사랑받기 위해서 열심히 살아야겠다는 생각이 들었다. 어깨가 들썩들썩 얼굴에는 미소가 번졌다. 흥이 났다. 그 동안의 수고가 눈 녹듯이 녹아내렸다.

연희 성우는 하트와 이모티콘으로 마음을 표현하는 카톡을 보냈다.

"아 정말 너무 감사해요~^^ 아침부터 너무 행복해요~~ 대표님도 어느 때보다 더 행복한 하루 보내세요~~"

기쁜 마음으로 메시지를 보냈을 연희 성우를 떠올리니 출근길에 발걸음이 멈춰졌다. 가슴 깊은 곳으로부터 새로운 각오가 떠올랐다.

'아, 나도 누군가에게 행복을 주는구나. 이 소소한 행복을 더 많은 사람과 나눌 수 있다면 좋겠다.'

새벽 고요한 시간에 낭독을 하니 처음에는 남편의 반대가 심했다. 방문을 닫고 녹음해도 낭독하는 소리가 문밖으로 흘러나갔다. 다른 방에서 자고 있던 남편은 시끄럽다고 소리를 질렀다. 그래도 멈추지 않고 마음을 졸이며 아침마다 녹음했다. 남편은 급기야 문을 두드렸다.

"야, 조용히 좀 해. 잠을 잘 수 없잖아. 이웃 사람들이 시끄럽다고 해. 낮에 하면 안 돼?"

남편은 목소리가 원래 큰 편이다. 작게 말을 해도 크게 들린다. 남편이 또 문을 두드리고 한 소리할까봐 긴장되는 날의 연속이었다.

어느날 남편이 시끄럽다고 서재 문을 '꽝'하고 내려쳤다. 순간 서재문이 위에서부터 아래로 주욱 금이 갔다. '잠을 깨워서 얼마나 화가 났을까?'하고 이해는 가면서도 마음이 상했다. 6개월이 지났을 무렵 남편은 더 관여하지 않았다. 모르는 척 넘어갔다. 1년이 되어갈 무렵부터 남편이 변하기 시작했다. 새벽 4시 40분에 알람이 울린다. 그 시간 남편은 일어나서 물과 과일을 가져다 준다. 획기적이고도 놀라운 변화다. 처음에는 가장 가까운 남편이 적이 된다. 하지만 꾸준하게 하다 보면 남편은 어느 순간 조력자가 된다. 남편을 내 사람으로 만들면 낭독이 더욱 즐거워진다. 남편의 반대에 부딪혀 낭독을 포기했다면 오늘의 나는 존재하지 않을 것이다.

J 성우는 새벽 5시에 낭독을 하다가 남편이 시끄럽다며 조용히 하라고 해서 멈췄다. 결국 남편이 무서워서 못하겠다고 선언했다. 새벽에 일찍 낭독하는 성우 중 몇 명은 배우자와 문제가 발생했다. 그 마찰을 견디지 못하고 포기한 성우도 있다. 자신의 꿈을 위해 인

내하며 잘하고 있는 성우들에게 박수를 보낸다.

　낭독 독서 모임 개강을 앞두고 신청서를 작성해서 보냈는데, 수강료를 입금하지 않은 사람이 있었다. 일요일 아침 교회에 가는 길에 생각나서 성수역 부근에서 이동 중에 전화했다.

　"안녕하세요. 낭독 모임 신청을 하셨는데 입금이 되지 않아서 전화했습니다."

　명랑한 목소리로 한 톤을 높여서 말했다.

　"아⋯⋯. 그게⋯⋯. 저 엄청 하고 싶은데⋯⋯."

　말을 잇지 못했다.

　"왜요? 무슨 일 있으세요?"

　그녀는 말을 잇지 못했다. 약간의 침묵 시간이 흘렀다.

　"낭독하고 싶은데 돈이 없어요. 어제 남편이 수금해서 돈 주면 입금하려고 했는데 새벽에 출근하는 남편에게 차마 말을 할 수가 없었어요."

　목소리가 점점 기어들어 갔다. 안타까워하는 마음과 애끓는 소리가 그대로 전해져왔다.

　"아, 그랬군요. 수강료 내지 않아도 되니까 낭독 독서 모임 무료로 들으세요."

　말이 떨어지기 무섭게 애달프게 큰 소리로 엉엉 울었다. 순간 내가 말실수를 했나 싶어서 깜짝 놀랐다.

"왜 그러세요?"

"너무 고마워서요."

말을 잇지 못하고 서럽게 우는 소리가 가던 걸음을 멈추게 했다. 나도 가슴이 미어져서 꼼짝도 못 하고 눈물을 흘렸다.

흐느끼며 그녀가 말했다.

"대표님 꼭 갚을게요."

"안 갚아도 돼요. 기회가 되면 받은 만큼 똑같이 다른 분에게 나눠 주세요."

마음이 뭉클했다. 감사가 저절로 흘러나왔다. 내가 무엇이라고, 아니 낭독 독서 모임이 무엇이라고 사람의 마음을 흔드는 것인지 알 수가 없었다. 하늘은 이렇게 그녀와 나와의 관계를 묶어 놓았다. 예배 시간이 점점 가까워지고 있었다.

이 책을 읽고 있는 당신 역시 낭독을 통해 다른 사람에게 긍정적인 영향을 줄 수 있다. 영향력 있는 사람은 그 누가 아닌 바로 자기 자신이다. 자기 자신의 영향력을 높이기 위해서는 부단한 노력이 필요하다. 당신은 누군가에게 영향을 주기에 충분한 사람이다. 낭독으로 아름다운 삶을 살아가도록 선한 영향력을 줄 수 있는 사람은 바로 당신이다.

낭독은 사람을 바꾸고 세상도 바꾼다

낭독이 사람을 바꾸고 세상도 바꾼다. 소리 내어 책을 읽어야 하는 이유는 책을 통해 나를 바꿀 수 있기 때문이다. 책이 사람을 만든다. 사람이 세상을 변화킨다. 소리 내어 책을 읽음으로써 뇌를 자극해 전두엽을 활성화한다. 전두엽은 대뇌의 앞쪽에 있는 부분으로 기억력, 사고력 등을 주관한다.

낭독 독서 모임을 운영하면서 책을 최소 한 달에 2권 이상 읽게 되었다. 이전에는 책을 한 달에 한 권도 읽지 못 했을 때가 있었다. 책장에 책이 쌓이는 것을 보고 희열을 느낀다. 부자가 되어가는 느낌이 들어 행복하다.

소리 내어 책을 읽으면서 희망을 찾는다. 소망이 없던 사람이 꿈을 꾸게 된다. 책과 나와의 만남을 통해 책 속에서 지혜를 얻는다. 늘 바쁘게만 생활했던 사람이 책을 만남으로 자신을 뒤돌아볼 수 있는 여유가 생긴다. 시간이 없는데도 책을 읽게 된다. 책을 보는 동안에는 오로지 혼자만의 시간을 갖는다. 자신의 내면을 바라볼 수 있는 고마운 시간이다. 소리 내어 책을 읽으면서 세상의 변화에 적응해 간다. 책을 통해 간접 경험을 한다.

다음은 아침 낭독을 하고 나서 변화된 성우의 말이다. 혼자 하면 불가능하지만 함께라면 가능하다. 앞에서 끌어주고 밀어주는 자석과 같은 힘을 발휘하는 낭독 독서 모임이다.

"와! 오늘은 특별한 날입니다. 아침 낭독을 통해서 밤과 낮이 바뀐 제 생활이 조금씩 변화되고 있어서 정말 기쁘고 감사합니다. 또한 오늘로서 《부러지지 않는 마음》이란 책을 완독했습니다. 우선 이렇게 변화와 성장할 수 있도록 이 과정을 개설해 주신 김형숙 대표님께 깊은 감사의 말씀을 전합니다. 또한 혼자는 불가능했을 텐데, 이 모든 과정을 이 방 멋진 성우님들과 함께했기에 가능했습니다. 이 방 모든 성우님께 머리 숙여 감사드립니다. 끝으로 조금씩 실천해 나가고 있는 나 자신에게 더없는 사랑의 메시지를 전합니다. 참 잘했어!!"

지금까지 책을 읽지 않고 생활하던 K 성우가 아침 낭독으로 책 한 권을 한 달 만에 읽었다고 한다. 한 사람의 변화를 끌어내기 위한 작은 노력들이 모여 이룬 성과다. 1%라도 변화하고자 하는 마음이 있다면 가능하다. 희망이 있는 독서 낭독 모임을 통해 조금이라도 세상을 이롭게 하고 싶다는 생각이 들었다. 시민들 모두가 낭독하는 프로그램으로 만들어야겠다는 생각이 꼬리에 꼬리를 물었다. 〈전 국민 낭독 프로젝트〉의 기치*는 이렇게 올랐다. 2021년 6월 1일 낭독 교육 헌장을 만들어 낭독 독서 모임 단톡방에 선을 보였다. 70~80년대 열심히 외웠던 〈국민 교육 헌장〉이 생각나서 응용해 〈낭독 교육 헌장〉으로 바꾸었다.

"대표님, 이 글을 읽으니 가슴이 울컥합니다."

순희 성우가 말했다. 나도 가슴이 뛰는 것을 느꼈다. 낭독에 대한 사랑과 열의가 가득한 것을 느낄 수 있었다. 십시일강 오픈 단톡방에 〈낭독 교육 헌장〉을 공유했다. 이것을 노재희 대표가 보고 자신의 목소리로 녹음된 동영상을 만들어 카톡방에 공유해 주었다. 〈낭독 교육 헌장〉을 듣고 '뜨거운 기운이 아래에서부터 위로 올라오는 것'을 느껴 동영상을 만들었다고 한다. 그 감동과 감사가 한꺼번에 밀려왔다. 큰 소리로 읽을 때 가슴에 와닿는 무엇인가 느껴지길 바라는 마음이다.

아침 낭독 습관은 나를 일깨우는 힘이 있다. 혼자서는 할 수 없는 일을 함께하면 충분히 잘할 수 있게 만든다. 혼자 가는 길은 쉽게 갈 수 있다. 장거리 경주를 하려면 함께 가야 한다. 혼자 가는 길은

---

* 기치(旗幟) : 깃발. 일정한 목적을 위하여 내세우는 태도나 주장.

낭독 교육 헌장

　우리는 민족중흥의 역사적 사명을 띠고 낭독하기 위해 이 땅에 태어났다. 조상의 빛난 얼을 오늘에 되살려 안으로 자주 낭독의 자세를 확립한다. 밖으로 인류 공영에 이바지할 때다.

　이에 우리의 나아갈 바를 밝혀 교육의 지표로 삼는다. 성실한 마음과 튼튼한 몸으로 호흡과 발성, 발음을 배우고 익힌다.

　타고난 저마다의 재능을 계발하고 창조의 힘과 낭독의 정신을 기른다. 신념과 긍지를 지닌 낭독하는 국민으로서 민족의 슬기를 모은다. 낭독하는 국민이 되어 부강한 나라를 만드는 데 앞장서 노력함으로써 독서 강국을 만들자.

　　　　　　2021년 6월 1일

　　　　　　　　한국십시일강예술교육협회 김형숙

외롭고 쉽게 지친다. 손을 잡고 함께 갈 사람이 있으면 그것만으로도 큰 힘이 된다. 낭독은 짧은 단거리를 가는 것이 아니라 장거리 여행을 하는 것이다.

사람과 세상을 바꾸는 낭독은 당신이 주인공이 되어야 한다. 낭독은 좋은 사람들과 함께 세상을 이롭게 하는 데 가장 좋은 방법이다. 나와 당신의 목소리로 세상을 아름답게 꽃피우는 그 날이 오길 소망한다. 소리 내어 책 읽는 당신을 응원한다. 나로부터 시작해서 가정으로, 직장으로, 사회로 대한민국 모든 국민이 낭독 독서로 좀 더 행복하고, 건강하고, 부유하고, 지혜롭게 살았으면 좋겠다.

낭독을 통해 제2의 삶을 살자

제2의 삶은 낭독이다. 인생 후반전을 즐겁게 사는 방법으로 낭독을 추천한다. 낭독은 삶을 신바람 나게 만든다. 잠자는 뇌를 깨워준다. 진정한 나를 만나게 한다. 삶은 긍정적인 방향으로 흘러가게 만든다.

외모는 멋지고 아름답게 꾸미고 가꿀 수 있다. 하지만 목소리는? 목소리가 직업과 어울리지 않는다면 사회 생활하는 데 치명적인 단점이 될 수 있다. 사람들은 보통 스피치 학원에 등록하거나 개인 코칭를 받아서 단기간에 성과를 내려고 한다. 그렇게 할 경우 잠깐 동안은 호전될 수는 있으나 오랫동안 지속하지 못한다는 사실을 알 것이다. 학습할 때는 잘되는 것 같은데 교육이 끝나고 시간이 지나면 대체로 요요처럼 원점으로 되돌아 온다. 그렇기 때문에 낭독으로 하는 목소리 트레이닝이 최고다. 일상과 직장에서 성공적인 삶을 살아가기 위해, 또 은퇴 후 제2의 삶을 멋지게 살기 위해서 지속적으로 낭독을 해야 한다.

하루아침에 목소리를 변화시키기는 어렵다. 급하게 먹으면 체한 다. 우리나라 사람들에게 익숙한 '빨리빨리 문화'로 인해 무엇을 하 든지 단기간에 결판을 내려고 한다. 지금까지 몇십 년을 변함없이 간직하고 살아온 목소리다. 낭독을 한다고 하루아침에 변화되기를 기대하는 것은 갓난아이가 며칠 만에 걷기를 바라는 것과 같다. 꾸 준히 하다 보면 자신도 모르는 사이에 변화된 것을 발견하고 놀라게 될 것이다.

콩나물을 기를 때 처음에는 매일 같이 물을 줘도 자라지 않는 것 처럼 보인다. 하지만 어느 순간이 되어 임계점에 도달하면 뿌리가 내리는 것을 볼 수 있다. 또 '가랑비에 옷이 젖는다'는 속담이 있다. 눈에는 보이지 않지만 살며시 젖어 들어간다.

자신의 목소리가 좋아서 낭독 독서 모임 프로그램에 참여한 사 람들은 극소수이다. 자기 목소리가 마음에 들지 않아서 트레이닝 받 아 고치려고 오는 사람들이 더 많다.

"기억을 잘하고 싶어요."

"말을 잘하고 싶어요."

"자신감을 갖고 싶어요."

"목소리에 힘이 없어요."

"말끝이 갈라져요."

"발음이 부정확해요."

"난독증이 있어 책을 읽기 힘들어요."

"남은 인생 낭독으로 봉사하는 삶을 살고 싶어요."

"시 낭송은 외워야 해서 어려워요. 나이 먹어서 기억이 잘 안 돼요. 낭독은 대본을 보고 읽는 거라 스트레스 받지 않을 것 같아요."

목소리 코칭을 전문적으로 하는 것이 아니라고 이야기해도, 낭독이 좋아서 관심을 갖고 찾아오는 사람들이다.

"발음이 부정확해서 전달 능력이 떨어졌는데 발음 연습과 책 읽기를 통해서 좋아졌다."

"사투리가 사라지고 표준어를 사용하니 자신감이 생겼다."

"어린아이 같은 목소리가 사라졌다."

목소리에 자신감을 찾은 50대 중·후반 수강생들의 이야기다.

중국 송나라의 유학자 주자는 이렇게 말했다.

"책을 읽는 요령은 눈으로 보고, 입으로 소리를 내고, 마음에서 얻는 것이다. 이 중에서 제일 중요한 것은 심도이다."

　　인생의 후반전에는 나의 소중한 목소리를 가꾸며 생산자가 되어서 신바람 나게 살아 보도록 하자.

　　낭독하는 삶은 재미를 준다. 삶의 의미를 준다. 내 안의 나를 만나게 한다. 출근하기 전 영상 편집하느라 시간에 쫓겨 책을 녹음하지 못하는 날이 있었다. 점심을 대충 삼각김밥으로 때우고 공원에 가서 녹음했다. 공원에는 서늘한 바람 소리가 있고 지저귀는 새들이 있다. 이름 모를 들꽃의 향기가 코끝을 간지럽히기도 한다. 나뭇잎이 서로 비벼대는 소리가 장단을 맞춰주기도 했다. 산책하러 나온 사람들의 말소리도 오디오에 그대로 담겼다. 짙푸른 하늘에 퍼져있는 하얀 솜사탕 뭉게구름이 나의 목소리를 담아 가기도 했다.

　　K 성우가 말했다.

　　"책 낭독을 하다 보니 벌써 30분이 지났네요. 시간이 있으면 더 읽었을 것 같아요. 책 속에 빠져드네요. 예전엔 있을 수 없는 일이었죠. 저한테도 놀랍니다. 십시일강(마법 낭독 특공대) 덕분입니다."

　　김순희 성우가 말했다.

　　"낭독 특공대에 참가하면서 나의 변화는 책만 보면 묵독이 아닌 낭독을 하고 싶어지고 낭독할 때마다 나의 뇌를 활성화하고 있다는 생각이 듭니다. 누구와 함께하는가도 정말 중요하죠? 성우님들의 낭독 하나하나를 듣고 피드백해 주시는 김형숙 대표님에게 늘 감동하고 성우님들의 목소리가 바뀌어가는 것을 함께 느낄 수 있어서 좋고 무엇보다 성우님들 목소리로 듣는 세상 돌아가는 이야기가 정말 좋습니다. 내가 읽지 않은 책도 듣는 느낌~. 낭독으로 시작하고 낭독으로 마무리하는 건강한 하루에 행복합니다."

낭독하는 제2의 삶은 아름답다. 목소리는 은퇴가 없다. 낭독으로 노년을 생기있게 보내자. 얼굴의 주름만 펼 것이 아니라 마음의 보석을 캐낼 수 있는 목소리를 잘 가다듬자. 목소리는 진주보다 귀하다. 세상에 하나밖에 없는 목소리 재능을 갈고닦아서 낭독 봉사와 수익화도 하면서 제2의 인생을 멋지게 디자인하며 살자.

제 3 부

좋은 목소리 만들기

당당하게 목소리를 내라

상대방 앞에서 떨지 않고 말을 하는가?

당당하게 자신의 목소리를 낼 수 있는가?

당당하게 말을 잘하고 싶다면 많은 연습이 필요하다. 바른 자세는 당당함의 표현이다.

자신의 의견을 당당하게 표현하지 못하는 사람이 있다. 말을 얼버무리면 자신감이 없어 보인다. 그것이야말로 상대방으로 하여금 나를 과소평가하도록 만드는 원인이 된다. 똑 부러지게 말하고 정확하게 의사를 전달해야 한다.

낭독은 정확하게 의사를 표현하도록 나를 훈련할 수 있는 도구이다. 소리 내어 책을 읽어보자. 당당한 말은 자신감을 갖게 한다.

낭독을 하기로 목표를 정했으면 지금 즉시 행동해야 한다. 머뭇거리는 순간에도 시간은 쏜살같이 흘러간다. 마음 먹었다면 즉시 소리 내어 책을 읽어보기 바란다. 낭독하기도 전에 목소리 고민으로 걱정이 앞서면 아무 것도 할 수 없다.

"강사님, 저도 할 수 있을까요?"

"어린아이 목소리가 나서 용기가 안 나요."

"자신이 없어요"

"난독증이 있어서 책 읽기에 어려움이 있습니다."

"다른 사람이 들을까 봐 창피해요."

"제 목소리가 싫어요."

"하고는 싶은데요. 책을 안 읽어봐서 할 수 있을지 모르겠어요."

"말이 너무 빨라요."

"저는 말이 느려서 답답하대요."

낭독을 시작하려고 하는 사람들의 상담내용이다.

"일단 시작해 보세요. 할 수 있습니다. 걱정하지 말고 해 보세요."

"그냥 시작하세요. 잘할 수 있습니다. 처음에는 다 그래요."

늘 이런 대화가 반복된다. 낭독 독서 모임에 참여할까 말까 고민하는 수강생들의 공통점이다. 낭독을 해보기도 전에 지레 겁을 먹는다. 용기 내어 지금 바로 시작해 보자.

나도 그랬다. 과연 낭독 독서 모임을 잘 운영할 수 있을까? 개강하기도 전에 걱정부터 했다. 시작하고 나니 잘했다는 생각이 든다.

책을 소리 내어 읽는 것이 그렇게 힘든 것일까? 50대까지 살면서 책을 소리 내어 읽은 경험은 초등학교 저학년 때뿐이다. 그리고 결혼해서 자녀가 유아일 때 동화책을 읽어주었던 기억도 있다. 아이에게 책을 읽어주면 좋다고 하니 감정을 살리지 않고 무의미하게 읽어준 기억이 있다. 감정을 살려서 읽어주었다면 듣는 아이도 읽어주는 엄마도 행복했을 텐데 말이다. 그저 의무적으로 읽어주었을 뿐이다.

지금까지 수십 년 살면서 소리 내어 책 읽기의 필요성을 느껴본 적이 없을 것이다. 하지만 코로나19의 여파로 목소리의 중요성이 크게 대두되었다. 유튜브에 얼굴은 보이지 않고 ASMR과 목소리에 의존하는 북튜버들이 대거 진입했다. 나도 〈낭독튜터〉라는 유튜브 채널을 운영 중이다. 낭독을 하면서 나의 목소리가 당당해졌음을 느낀다.

회사에서 발표할 때나 취업하려고 면접 볼 때 긴장하게 된다. 강의할 때도 긴장감 때문에 초조하고 불안한 마음에 주눅이 든다. 얼굴은 벌겋게 달아오르고 심장은 두근두근 요동친다. 나도 모르게 손과 발이 떨린다. 사람들 앞에만 서면 왜 작아지는 것일까? 그렇게 당당한 모습은 어디로 간 것일까?

나는 DID 강연 코칭 56기로 수료했다. 마지막 날 동기생들이 모여 발표 시간을 가졌다. 그때 역시 떨리고 긴장이 되었다. 내 차례가 되어 막상 무대에 서니 입마저 떨어지지 않았다. 나 역시 강의하는 강사인데 왜 떨고 있는지 이해가 되지 않았다.

DID코칭센터 송수용 대표가 '설렌다'라고 말을 하면 떨리지 않는다고 조언했다.

"아, 설렌다!"

몇 번 반복해서 말을 하니 불안한 마음이 조금씩 사라졌다. 뭔가 잘될 것 같은 긍정의 마음이 몰려왔다. 성공했을 때의 모습을 상상하는 것은 도움이 된다. 뇌는 우리가 생각하는 대로, 말하는 대로 상상한다. 이상과 현실을 구분하지 못한다.

출근해서 책상에 앉으려는데 전화벨이 요란하게 울렸다. 전화를 받으니 수인이었다.

"잘못한 것도 없는데, 팀장이 아침부터 큰소리치고 화를 내서 무서워 떨었어요."

그녀의 울먹이는 소리가 귓가에 전해져 왔다. 통화하면서도 진정이 되지 않는지 감정에 복받쳐 '흑흑' 흐느껴 우는 소리가 들려왔다. 그의 팀장은 조울증이 있어서 아침부터 꾸짖는 일이 많은데, 그럴 때면 수인이는 가끔 내게 전화를 걸어 하소연했다. 스트레스를 심하게 받는 것 같았지만, 회사를 그만두라고 할 수가 없었다. 코로나19로 힘든 시기에 회사를 나오면 재취업하기가 어려워서 당장 사표를 내라고 말할수 없었다.

"어휴, 왜 또 그럴까? 팀장이 기분 좋을 때 이야기해 보렴."

"한두 번도 아니고 도저히 못 참겠어요. 하는 행동이 정신병자 같아요. 잘못한 것도 없는데 왜 나한테만 그러는지 모르겠어요. 내가 만만해 보이나 봐요."

"편해서 그런 거지. 너를 믿으니까."

"내가 편하면 잘해 줘야 하는 거 아닌가요? 왜 이렇게 못살게 구냐고요? 내가 그렇게 만만한 콩떡으로 보이나 봐요. 진짜. 아우. 당장 때려치우고 싶어요"

그녀는 분통이 터지는지 울음소리가 잦아들지 않았다. 도와주지 못해서 마음이 불편했다.

어느 날 그녀에게서 다시 전화가 왔다.

"팀장하고 맞짱 떴어요. 이판사판이라 생각하고 참지 않고 용기를 내서 큰소리로 따졌어요. 더는 못 참아서 그만둘 각오를 하고 말했어요. 내가 팀장님 밥도 아니고 다른 사람이 잘못한 일을 왜 나에게 짜증 내고 화를 내세요."라고 자신감 있게 말했다고 한다.

그녀의 용기와 당당함에 박수를 보냈다. 이렇게 한바탕 하고 난 후부터 팀장은 그녀에게 함부로 말하지 않고, 그녀의 의견을 존중해 준다고 한다. 참으면 그래도 되는가 싶어서 만만하게 본다. 할 말이 있으면 표현을 할 줄 알아야 피해 보지 않는다.

그녀 역시 낭독을 시작하기 전에는 자신감이 없었다. 자존감도

낮았다. 자신을 표현하기 어려워했다. 그녀는 소리 내어 책을 읽으면서 용기를 얻었다. 낭독을 시작하지 않았다면 자존심 상한 채 회사 다니면서 정신적으로 더 힘든 생활을 했을 거라고 말했다.

2014년 2월 미국의 오바마 대통령 기자 회견이 있었다. 그는 한국 기자들에게 질문할 기회를 주었다. 손드는 사람이 없었다. 통역이 있으니 한국말로 질문을 하라고 했다. 어느 기자도 손을 들지 않았다. 어떻게 이런 일이 발생할 수 있을까? 오바마 대통령은 당황했다. 이날 100여 명에 가까운 국내외 기자들이 있었는데 왜 유독 한국 기자들은 질문하지 않았을까?

유대인의 가정에서는 "얘야, 오늘은 학교에 가서 무슨 질문을 했니?"라고 묻는다. 무엇을 배웠느냐가 아니라 그날 학교에서 어떤 질문을 했는지 묻는다. 이스라엘의 하브루타 교육은 어디에서나 당당하게 말할 수 있는 사람이 되도록 가르친다.

굳이 하브루타를 이야기하지 않더라도 당당하게 말하기 위해서 소리 내어 책 읽는 것보다 좋은 훈련은 없다. 어느 집에든 책 1, 2권은 있을 것이다. 없으면 도서관에 가서 원하는 책을 빌리면 된다. 낭독은 당당하게 말하는 연습을 할 수 있는 가장 좋은 방법이다. 소리 내어서 말하지 않으면 다른 사람 앞에서 당당하게 말할 수 없다. 낭독 독서로 자신의 목소리를 높여가기 바란다.

자신감 있는 목소리를 내는 법

자신감 있는 목소리는 타고나는 것이 아니라 만들어지는 것이다. 자신감 넘치는 말은 상대방을 기분 좋게 만든다. 목소리에 힘이 실려 있으면 듣는 사람도 에너지를 받는다.

"대표님! 낭독하는 하루가 재미있어요."

"목소리에 자신이 없었는데 자신감이 붙었어요."

"지인이 제 목소리가 좋아졌대요."

말속에 이미 신이 나 있다. 책을 소리 내어 읽다 보니 자신감이 생겼다고 한다. 스마트폰을 통해 들려오는 목소리는 쾌활했다.

S 성우는 이전에 목소리가 얇고 힘이 없었는데 낭독을 한 후에 지인들로부터 "목소리에 힘이 생겼다. 목소리가 좋아졌다."라는 이야기를 들었다며 기쁜 소식을 낭독 특공대 독서 모임 성우들에게 전해 주었다.

동료들에게 상처를 입어 우울증에 걸려 있던 지인에게 낭독을 같이하자고 했다. 한 달이 넘게 미소 셀카를 찍고 꾸준히 미션을 수행했다. 그 결과 긍정적인 피드백이 왔다.

"우울증에서 벗어났어요."

"강사님! 낭독 후 천만 원 벌었어요. 우울증에서 벗어났고 많은 돈을 벌게 되었어요."

낭독하고 난 후 건강이 회복되었고 자신감이 생겨서 좋다고 했다.

"강사님 덕분입니다. 감사합니다."

좋은 소식을 전해 준 C 성우에게 고마움과 함께 행복감이 몰려왔다. 낭독 독서 모임 운영하길 잘했다고 생각한다.

자신감은 목소리에서 나온다. 외모가 멋지고 아름다운데 자신감 없는 사람들이 있다. 자신의 목소리에 자신감이 생기면 일과 관계가 술술 풀린다. 자신이 하는 일에 탄력을 받고 싶다면 소리 내어 책을 읽어보면 좋겠다. 다른 사람의 목소리와 비교하지 말자. 자신의 목소리를 자주 들으면 친숙하게 된다. 머리부터 발끝까지 당신을 돋보이게 하는 것은 자신감 있는 목소리다.

좋은 목소리 내는 법

좋은 목소리는 귀로 들었을 때 자연스러운 목소리다. 언제 들어도 기분 좋은 목소리가 좋은 목소리다. 사람들에게 안정감을 느끼게 하는 목소리가 좋은 목소리다. 지금은 카리스마로 좌중을 압도하는 스피치의 시대가 아니다. 세련되고 편안하게 말하는 소통의 시대다. 어딘가 막힌 목소리, 떨리는 목소리, 웅얼거리는 목소리, 사투리 억양이 섞인 목소리 등으로 다른 사람 앞에서 말하는 것을 두려워하는 사람이 있다. 또 평상시 목소리는 괜찮은데 발표나 면접, 프레젠테이션 등을 할 때면 유독 긴장되어 목소리가 떨리고 작아서 낭패를 보는 경우가 있다.

"대표님은 목소리가 좋아요. 아나운서라 그런가 봐요. 아나운서 출신이세요?"

"하하, 아닙니다. '아나운서'는 그냥 애칭입니다."

앞에서 말했듯이 나는 아나운서 출신이 아니다. K 성우는 내 목소리가 좋다며 부러워했다.

목소리가 '좋다'라는 개념은 주관적이다. 명확하게 '이런 목소리가 좋은 목소리다.'라는 정의는 없다. 다시 말해 정답이 없다. 들어서 편안한 목소리가 좋은 목소리다. 한 사람이 똑같이 말을 해도 한 사람에게 좋게 들리는가 하면, 다른 사람에게는 거부감을 주기도 한다.

당신은 주변 사람들로부터 '목소리가 좋다.'라는 말을 들은 적이 있는가? 외모를 가꾸는 것처럼 목소리도 가꾸어야 일상과 직장에서 성공할 수 있다. 자신의 목소리가 성공을 방해하고 있을지도 모른다.

좋은 목소리는 가공하지 않은 자연스러운 목소리다. 건강한 목소리가 좋은 목소리다. 건강한 몸에서 건강한 목소리가 나온다. 복부 근육을 자유롭게 수축시키며 폐 속의 공기를 힘 있게 내보낼 때 성대가 진동하면서 내는 힘 있는 소리다. 떨림이 없고 톤이 낮은 목소리가 좋은 목소리다. 톤이 높으면 음정이 불안해지고 떨림이 발생한다. 불안정하게 높은 음성은 품격이 떨어진다.

목소리는 진동과 공명을 통해 만들어진다. 성대의 진동으로 소리가 만들어진다. 성대는 후두 내부에 앞쪽에서 뒤쪽으로 붙어 있는 주요 근육이다. 후두는 기도의 맨 윗부분에 연골과 인대, 독립된 하나의 조직으로 작용하는 근육들이 있는 부분을 말한다.

안정되고 힘 있는 목소리는 좋은 발성을 통해 나온다. 차분하고 깊은 목소리는 호감을 얻는다. 생각이 담겨 있는 목소리가 좋은 목소리다. 말을 하기 전에 무슨 말을 해야 할지 미리 내용을 생각해야 한다.

밝고 정감이 있는 목소리가 듣는 청자에게 좋게 들린다. 타고난 자기 목소리로 씩씩하게 말하면 된다. 가능하면 말을 할 때 한 톤을 높여서 밝게 말하도록 하자. 낮고 어두운 목소리는 호감을 주지 못한다.

또한 건강하고 좋은 목소리는 좋은 생각에서 나온다. 부정적인 생각을 하면 나쁜 목소리가 나온다. 평소에 좋은 내용의 책을 낭독하며 좋은 생각하는 습관을 갖도록 하자. 자신의 말 한마디가 상대방에게 어떻게 전달될지에 대해 미리 생각하고 말하도록 하자. 부정적인 표현은 입 밖으로 내지 말자. 생각도 하지 말자. 즐겁고 유익한 대화를 나누기 위해서 좋은 생각, 긍정적인 말을 하자. 좋은 말을 하면 좋은 일이 일어난다. 내가 생각하고 말을 하는 것이 현실이 된다. 할 수 없다고 생각하면 영원히 할 수 없다. 긍정적인 언어를 사용해 말을 하자.

'나는 아름다운 목소리를 가졌다.'
'나는 건강한 목소리의 주인공이다.'
'나는 매력적인 목소리를 가졌다.'
'나는 나의 좋은 목소리를 사랑한다.'

이 말을 머리속 잠재의식에 넣어두자. 언제 어디서나 긍정적인 언어 표현을 생활화하자.

좋은 목소리를 내기 위해서는 무엇보다 목의 건강이 중요하다. 악기가 좋아야 좋은 소리가 나오듯 목이 건강해야 좋은 소리를 낼 수 있다.

다음은 좋은 목소리를 내는 방법이다.

1. 낭독하기 전에 목 주변의 근육을 가볍게 마사지한다. 후두 주변의 근육을 풀어준다. 근육의 긴장을 이완시키고 깊은 호흡을 한다.

2. 목의 윤활유 역할을 하는 수분을 충분히 섭취한다. 성대가 촉촉해야 좋은 목소리가 나온다. 목을 건조하게 하는 커피, 녹차, 홍차 등 카페인이 든 음료는 피하는 게 좋다.

3. 청중의 얼굴을 보며 대화하듯 말을 한다. 목소리의 강약과 속도를 조절한다.

4. 목에 힘을 빼고 낭독을 하자. 힘을 주고 말하면 피로가 쌓여 목소리가 쉰다.

5. 목도 휴식이 필요하다. 휴식할 수 있는 시간을 충분히 갖도록 한다.

동요 〈학교종〉이나 〈퐁당퐁당〉을 불러 입술의 진동을 느껴 보고, "음~~~" 하고 흥얼거려 보자. "아!" 하고 헛기침을 하면 목에 좋지 않다. 대신 "음~흠 음~흠" 허밍으로 해 보자. 좋은 목소리를 만들기 위해서는 발음과 발성, 복식호흡이 중요하다. 목소리가 좋다고 하는 사람들은 대개 복식호흡으로 소리를 낸다. 소리가 약하고 전달력이 떨어지는 사람은 얕은 흉식호흡을 한다. 사람은 단순음보다는 복합음을 좋아한다. 복합음은 화음이 이루어지는 정감이 있고 부드럽게 느껴지는 목소리다.

남의 목소리를 흉내내지 말고 자기만의 개성적인 목소리를 살려야 한다. 당신은 충분히 좋은 소리를 낼 준비가 되어 있다.

적극적인 목소리 내는 법

적극적인 목소리는 자신감 있고 확신에 차서 내는 말이며 신뢰감을 심어주는 기본이 된다.

낭독 독서 모임을 매주 일요일 아침 6시에 진행한다. 십시일강 오픈 카톡방에서 매주 화요일에 강사를 초빙하거나 내가 직접 강의를 한다. 이러한 프로젝트를 운영하면서 소극적인 내가 적극적으로 목소리를 내기 시작했다. 소극적인 행동도 조금씩 적극적으로 변해 갔다. 적극적인 사람이 되려고 하루 1%씩 환경을 세팅하기 시작했다.

내성적인 사람은 시선이 집중되는 것을 견디지 못한다. 이런 내가 변했으니 여러분도 충분히 변할 수 있다. 적극적인 목소리를 내기 위해서 소모임이나 그룹에 참여하자. 당신의 목소리를 성공의 무기로 만들 수 있다. 집중력과 통찰력 또한 키울 수 있다. 냉철함과 침묵, 경청의 묘미를 살려 탁월한 리더로 성장할 수 있는 기회다.

나는 대화 시 상대방의 말을 경청하는 입장이다. 어떻게 하면 상대방의 말을 기분 상하지 않게 끊고 나의 말을 할까 고민한다.

'나도 말 좀 하자.'

이런 생각이 들어도 속으로만 생각한다. 두 주먹을 불끈 쥐고 눈치를 살피다가 용기를 내서 말을 했는데 상대방보다 목소리가 작아서 묻히고 만다. '어휴! 큰 소리로 말도 못 하고 바보, 멍청이'라고 되뇌곤 했다. 소극적이고 결단력이 부족하여 많은 사람과 어울리지 못했다. 주변에서 맴도는 주변인 노릇만 했다. 이런 내가 코로나19를 겪으며 삶이 변했다. 남들이 위기라며 고개 숙이고 있을 때 코로나19는 나에게 기회로 작용했다.

2019년 12월 아무도 예상하지 못한 코로나19가 한국뿐만 아니라 전 세계를 덮쳤다. 2020년 2월 오프라인 강의에 비상이 걸렸다. 2월 말로 강의가 종료되었다. 당시 나는 N잡러였다. 강의 시장 상황이 좋지 않다는 것을 직감적으로 예견했다. 회사 생활보다는 부업으로 강사 활동하면서 에너지를 받고 있었는데, 2월 말로 오프라인 강의가 전면 폐쇄되었다. 강의를 하거나 들을 수 없는 상황이 되어버린 것이다. 사태를 보아하니 쉽게 끝날 것 같지 않았다. 강의를 대체하기 위해서 어떻게 해야 할지 고민이 시작되었다. 나뿐만 아니라 다른 강사들도 코로나19로 오프라인 강의 시장에 위기가 왔음을 통감했을 것이다.

강사들의 생계에 어려움이 닥칠 것을 생각하니 안타까웠다. 내가 도울 수 있는 일이 무엇이 있을까 곰곰이 생각했다. 순간 '온라인 강의'를 해보자는 생각이 떠올랐다. 온라인 강의를 어떻게 하면 좋을지 검색하기 시작했다. 그러다가 유튜브에서 줌 온라인 화상 회의 강의 영상을 발견했다. "심 봤다!"라고 외쳤다. 유튜버들이 올려놓은 영상을 반복해서 시청했다. 혼자서 줌 온라인 화상회의 사용법을 반복하여 익혔다.

3월 초 영상으로 줌 온라인 화상회의 사용법을 H 강사에게 가르쳐주었다. 한 강사는 사용법을 모두 배우고 나서 말했다.

"강사님! 줌 온라인 화상회의로 강의를 해보는 게 어때요?"

하지만 영상 강의를 해보지 않아서 선뜻 답을 할 수가 없었다.

다음 날 그 강사는 줌 사용법을 모르겠다며 다시 한번 알려 달라고 연락이 왔다. 친절하게 설명을 하며 다른 사람을 가르치니 기억이 더 잘되었다.

그 강사 덕분에 줌 온라인 화상회의 강의를 시작할 수 있었다. 1주일에 두 번씩 강의하기로 하고 수요일과 토요일을 디데이로 정했다. 수요일에는 무료로 줌 온라인 화상회의 사용법을 가르쳐주었다. 토요일에는 강사를 초청해서 재능 기부를 하도록 했다. 디지털 스마트폰과 컴퓨터를 유용하게 사용할 수 있도록 무료 강의를 열었다. 사람들이 줌 온라인 화상회의 사용법과 유용한 강의를 배우기 위해 몰려왔다. 무료로 사용하는 방법을 알려준다고 소문이 났다. 오픈 카톡방에 일주일이 안 되어 100명이 넘는 사람들이 모였다. 오프라인에서 강의하며 단톡방을 운영하고 있을 때는 10명 정도였다. 짧은 시간에 소위 대박을 친 것이다. 카톡 단톡방에 재능 기부 강사들을 초청해서 온라인 강의할 수 있도록 장을 열었다. 재능 기부로 선한 영향력을 행사해 준 강사들에게 감사함을 전한다.

강의를 진행하면서 자연스럽게 사회를 보게 되었다. 소극적 성격이던 내가 매주 조금씩 적극적인 성격으로 변해 갔다. 오픈 카톡방 이름을 '십시일반'이라 지었다. 십시일반(十匙一飯)은 열 사람이 자기 밥그릇에서 한 숟가락씩 덜어 다른 사람을 위해 밥 한 그릇을 만든다는 말로, 여럿이 힘을 합하면 작은 힘으로도 큰 도움을 줄 수 있다는 뜻이다. 재능을 가진 강사들이 십시일반에서 강의를 나눔 하기 시작했다.

〈한국강사신문〉 기성준 기자로부터 인터뷰 요청이 왔다. 1주일 만에 100명이 넘는 사람들이 오픈 카톡방에 모인 비결이 무엇인지 궁금해했다. 인터뷰까지 할 정도는 아니라며 정중히 사양했지만 기 기자는 충분히 기삿거리가 된다며 괜찮다고 했다. 두 달 뒤 인터뷰를 했고 강사신문에 보도되었다. 감사한 일이다.

코로나19로 폭격을 맞은 오프라인 강사들에게 줌 사용법을 강의해 주었다. 위기를 통해 나는 기회를 잡은 것이다. 매주 십시일강에서 사회를 보며 말하는 솜씨도 자연스럽게 늘었다. 성격도 적극적인 사람으로 변해 갔다. 소극적인 사람이 자연스럽게 적극적인 목소리의 주인공으로 변했다.

적극적인 목소리는 에너지의 근원이다. 사람들에게 용기를 준다. 희망을 준다. 할 수 있다는 신념을 준다. 가슴이 시키는 일을 하게 한다. 성과를 지배할 수 있도록 한다. 실행하게 만든다. 소극적인 사람을 움직이게 한다. 적극적인 목소리의 주인공으로 삶이 윤택해지길 응원한다.

호감 가는 목소리 내는 법

　호감 가는 목소리는 최고의 커뮤니케이션 도구다. 호감 가는 목소리는 거부감 없이 들을 수 있는 편안한 목소리다. 호감 가는 말은 밝은 표정에서 나온다. 상대방이 호의적인 말을 해도 표정이 좋지 않다면 듣는 사람은 가식적인 느낌을 받아 오해하기도 한다. 예를 들어서 "김 대표, 수고했어요."라는 말을 밝은 표정과 어두운 표정으로 말한다면 어느 쪽이 진정성 있게 느껴지겠는가?

　목소리는 악기와도 같다. 악기를 잘 연주하기 위해서는 연주법을 배워야 한다. 호감 가는 목소리를 만들기 위해서는 올바른 사용법을 배워야 한다. 호흡과 발성, 발음 훈련으로 신뢰감 있는 목소리를 만들 수 있다.

　비즈니스 마케팅과 관련하여 이재봉 대표를 만나러 서울 용산에 간 적이 있다. 그의 부인도 같은 사무실에서 일하고 있었다.

　먼저 반갑게 인사를 했다.

"안녕하세요?"

"안녕하세요. 아, 목소리 좋다고 한 그분이구나. 목소리가 정말 좋으세요."

기분좋은 인사말이 돌아왔다. 이 대표의 아내는 남편을 통해 나를 목소리 좋은 사람으로 기억하고 있었다. 감사했다.

목소리나 말하는 스타일은 그 사람의 인간성을 대변해 준다. 첫인상이 큰 영향을 끼친다. 상대방은 짧은 시간에 첫인상을 결정한다. 5초면 끝난다고 한다. 속전속결로 결정된 첫인상은 쉽게 바뀌지 않는다. 목소리는 첫인상과 커뮤니케이션에 영향을 미친다. 목소리가 좋으면 커뮤니케이션의 30% 이상은 성공한 셈이다.

경아는 언젠가 내게 이렇게 말했다.

"첫인상이 차갑게 보여서 말 걸기 쉽지 않았어. 사감 선생님인 줄 알았어. 하하하."

"왜 그렇게 느꼈어?"

나는 의자를 당기며 눈을 동그랗게 뜨고 물었다.

"네가 아무 말을 하지 않고 있으니까 교장 선생님 같았어."

목소리는 첫인상과 커뮤니케이션에 큰 영향을 미친다. 외모나 옷차림은 쉽게 빨리 얻을 수 있는 정보라서 첫인상에 영향을 준다.

뇌는 에너지 소모를 최소화하기 위해 짧은 시간에 정보를 파악한다. 적은 정보만으로 판단하고 그 결과를 쉽게 바꾸지 않는다. 한번 형성된 첫인상은 자신과 친밀한 관계가 형성될 때 바뀐다.

목소리, 몸짓, 행동으로 호감 지수를 높일 수 있다. 우리의 심리 상태는 목소리에 큰 영향을 받는다. 가슴을 펴고 당당하게 걷는 것만으로 자신감이 생긴다. 말소리만 크게 해도 패기가 느껴진다. 첫인사를 하는 자리라면 고개를 반듯하게 세우고 시선을 상대방과 마주치자. 바른 자세로 이야기를 하고 대화에 맞게 가벼운 손동작을 하는 게 좋다.

첫인상에서 이미지 다음으로 중요한 것이 목소리다. 목소리의 톤과 억양이 신뢰도에 영향을 미친다. 말하는 속도와 목소리의 크기도 한몫한다. 첫 만남에서는 목소리를 크게 해서 인사를 나누는 것이 당당하고 자신감 있어 보인다. 비속어나 욕설, 신조어는 삼가는 게 좋다. 친한 친구가 아니라면 좋은 감정을 전해 줄 수 없다. 모임에 참석해서 여러 사람과 함께한다면 친구에게 말할 때도 조심해야 한다. 둘이 있을 때처럼 속어를 섞어가며 편하게 말을 주고받으면 주변 사람들이 안 좋은 시선으로 볼 수도 있다.

십시일강 프로그램을 진행하면서 이런 일이 있었다. 십시일강 프로그램은 이미 오래 진행되어 격의 없는 사이가 된 멤버들이 많았다. 대표들과 친하다 보니 편하게 말을 하게 되었는데 그것을 보고 주변으로부터 버릇없이 말한다는 평가가 들려왔다. 이를 통해 친한 사이라도 공개석상에서는 말을 조심해야겠다고 깨달았다. 처음 만난 사람은 나를 모르기 때문에 경박한 사람으로 오해할 수도 있고 또 소외감을 느낄 수도 있다.

목소리만 듣고도 그 사람의 성별과 나이, 신체 특성, 기분이 어떤지 예상할 수 있다. 생김새나 성격까지 추측할 수 있다. 목소리는 나이나 지역, 직업 등에 따라 다르게 나타난다. 일반적으로 사람들은 중저음의 목소리를 들을 때 안정감을 느낀다고 한다. 내가 중저음의 목소리를 가져서 그런지 부담이 없어 편안하다고 한다. 남성은 중저음에 힘이 있는 목소리가 좋다. 여성은 상냥하고 부드러운 목소리에 끌린다. 중저음은 책임감과 안정감이 있고 신뢰감을 높인다.

많은 사람이 영화배우 한석규의 목소리를 좋은 목소리의 표본으로 꼽는다. 듣기만 해도 기분 좋은 울림을 지닌 그의 목소리는 차분하고 명료하다. 부드럽고 깊은 울림이 있다. 목소리 톤을 높이지 않아도 눈빛과 대사만으로 주변을 압도하는 카리스마를 보여준다.

방송과 광고에서 해설을 자주 맡는 영화배우 이병헌은 정확한 발음과 부드러운 저음으로 대사 전달력이 탁월하다. 광고주들이 선호하는 목소리로 손꼽힌다. 교양 프로그램인 〈최후의 제국〉(2012), 〈최후의 권력〉(2013) 등에서 해설을 맡아 무거운 내용인 권력을 정확하게 전달해 이해도를 높였다는 평이다.

  분야별·상황별로 장소와 목적에 따라 목소리의 톤을 다르게 할 필요가 있다. 장소와 상황에 걸맞게 적절한 톤을 구사하는 것이 중요하다. 또한 어떤 상황에서든지 원하는 것을 얻기 위해서는 호감 가는 말을 사용해야 한다. 당신의 목소리가 당신의 운명을 결정한다. 상대를 내 편으로 만드는 방법은 호감 가는 목소리다. 목소리가 달라지면 인생이 역전된다.

목소리를 건강하게 관리하는 법

건강한 목소리는 파동이 전해져 사람의 마음을 사로잡는다. 건강한 신체조건이 건강한 목소리를 만든다. 마음이 건강해야 밝고 활기찬 목소리를 전달할 수 있다. 완벽함을 갖추기 위해서는 발성 기관이 건강해야 한다. 목소리만 들어도 신체의 상태를 알 수 있다.

건강한 목소리는 누구나 만들어낼 수 있다. 목소리가 진정한 경쟁력이다. 목소리 하나 때문에 면접시험에서 당락이 결정되는 때도 있다. 수억 원대 계약을 체결하기 위한 미팅에서 목소리 때문에 설득에 실패하는 경우도 있는 것이다. 청중들 앞에서 발표하거나 고객과 상담할 때도 마찬가지다. 오디오 파일을 녹음하거나 영상에 담아서 SNS에 공유할 때에도 윤기가 흐르는 건강한 목소리가 신뢰감을 주고 설득력을 높인다.

엄마는 초등학교 4학년 때부터 아팠다. 초등학생 때부터 들어온 엄마의 목소리는 건강한 목소리가 아니다. 아파서 신음하는 목소리다. 나이 먹어갈수록 통증이 심해졌다. 80대 초반인 엄마는 허리가 아파서 똑바로 누워 잠을 잘 수가 없다. 한쪽으로 누워서 잠을 자다가 통증이 몰려오면 반대쪽으로 누워서 잔다. 아픈 사람의 목소리는 듣는 사람을 불편하게 만든다. 몸이 아픈데 목소리가 좋게 나올 리가 없다. 병든 몸에서 활기찬 목소리가 나오지 않는다.

은구슬이 쟁반 위를 굴러가듯 맑고 초롱초롱한 목소리를 내기 위해서는 풍부한 화음이 있어야 한다. 그러기 위해서는 몸과 신체가 건강해야 한다. 더불어 마음이 평안하고 여유로워야 한다. 풍부한 화음을 만들기 위해서는 낮은 주파수부터 높은음의 주파수까지 일정하게 섞여야 한다. 인두강과 구강 구조가 넓어야 한다. 성대 점막이 깨끗해야 한다. 그러므로 평소 염증이 생기지 않도록 관리가 필요하다. 폐로부터 공급되는 공기의 양이 충분하고 일정하게 유지되어야 건강한 목소리를 낼 수 있다.

건강한 목소리는 내면에서 흘러나오고 아름다운 목소리와 건강한 신체가 만들어내는 조합이다. 아픈 사람이 내는 목소리는 쉽게 전염된다. 신체가 건강하고 아름다울 때 발성기관도 제 역할을 한다. 건강한 목소리는 건강한 몸을 통해 나온다. 건강한 신체에 건강한 목소리가 나온다. 건강한 목소리를 유지하기 위해서는 먼저 몸을 건강하게 관리해야 한다. 건강한 목소리를 위해 평소에 목 관리를 잘해야 한다. 감기 걸리지 않도록 면역력에 좋은 음식이나 영양제를 먹는다. 추운날에는 목에 스카프를 둘러서 목을 항상 따스하게 해주는 것이 좋다. 찬물과 뜨거운 물보다는 미온수를 마시는 게 좋다. 커피나 녹차보다 물을 마시는 게 좋다. 자신의 몸이 건강할때만 밝은 기운의 목소리가 나온다.

나의 목소리는 건강한지 체크해 보자. 건강한 목소리를 내기 위해 내가 할 수 있는 것은 무엇인지 생각해 보는 시간을 가지면 좋겠다.

오감 활성화 독서 낭독법

낭독하면 오감이 활성화된다. 오감(五感)은 무엇일까? 시각, 청각, 후각, 미각, 촉각 등의 5가지 감각을 말한다. 소리 내어 책을 읽을 때 눈으로 보고, 귀로 듣는다. 또한 입으로 말을 하고, 마음으로 느끼게 된다. 대전의 한 카페에서 3시간 낭독하는 모임을 가졌다. 3시간 낭독은 처음이었지만, 더 읽고 싶은 마음이 간절하게 느껴지는 시간이었다.

낭독은 뇌를 위한 준비 운동이다. 낭독을 하면 뇌의 운동영역과 브로커 영역이 활성화된다. 낭독하는 입과 듣는 귀, 텍스트를 따라가는 눈, 책에서 묻어나는 향기, 서로 주고받는 느낌이야말로 오감 만족이다. 때로는 책 속의 주인공이 되어 울기도 하고 웃기도 한다. 소리 내어 읽으면서 눈물이 볼을 타고 흘러내리는 경험을 했다. 때로는 저자가 되어 필체를 따라가며 읽기도 한다. 묵독으로 책을 읽으면 이러한 것을 놓치기 쉽다. 묵독으로 읽으면 쉽게 넘어갈 수 있는 것을 한 글자씩 정확하게 읽으니 놓치는 일이 없다. 책의 내용을 곱씹어 먹을 수도 있고 감정이 동화되어 책 속으로 빠져들어 가기도 한다. 낭독은 자신의 감정을 밖으로 표출하는 방법의 하나다.

낭독하거나 낭송을 하면 묵독할 때 느끼지 못했던 오감이 살아난다. 과거가 생각나고 현재가 생각나서 비유와 은유를 하게 된다. 생각을 곱씹게 된다. 낭독을 시작한 후 오감을 자극하는 낭독의 즐거움에 푹 빠져 사는 삶이 즐겁다.

전두엽을 활성화해 죽은 감각을 살려주는 오감 독서의 4가지 방법을 알아보자.

첫째는 묵독이다. 묵독은 소리 내지 않고 읽는 방법이다. 독서의 즐거움을 유지하는 데 중요한 역할을 한다. 묵독은 문장 단위, 의미 위주의 읽기라고 할 수 있다. 눈으로만 읽기 때문에 글을 읽는 사람의 눈동자 움직임이 빨라지며 글을 읽는 속도도 빨라진다. 단점은 집중이 안 될 때는 책에 깊이 빠져들기 어렵다. 집중력과 이해력, 기억력이 낭독에 비해 낮다는 결과가 있다.

둘째는 낭독이다. 낭독은 소리 내어 글을 읽는 음독의 하나이다. 묵독과 비교하면 책 읽는 속도가 느리다. 이해력과 집중력이 좋다. 낭독하면 이해가 잘되고 머릿속에 오래 남는다. 기억력도 향상된다. 낭독을 재미있게 즐겁게 때론 우스꽝스럽게 하는 것이 청강의 재미를 높여준다. 음의 고저장단과 완급에 유의해야 한다.

셋째는 청독(집중 듣기)의 단계이다. 음원에 맞춰서 손가락으로 글을 짚어가면서 눈으로 읽는 방법이다. 익숙해지는 경우 손가락이 아닌 눈으로 따라가면서 읽게 된다. 낭독한 내용을 반복해서 들을 수 있다는 장점이 있다. 책 속의 핵심적인 내용을 여러 번 반복해서 들으면 기억에 남게 된다. 듣다 보면 책의 요점을 쉽게 설명하고 내 생각도 덧붙여 말할 수 있다. 단점은 재미가 없다는 것이다.

넷째는 강독이다. 강독은 글의 뜻을 파악하며 읽는 방법이다. 글을 읽고 그 뜻을 밝히는 독서 방법이다. 주로 공부나 연구를 위해 책을 읽을 때 활용한다. 강독은 독서의 값진 결과물이라고 할 수 있다.

고요한 새벽 시간이었다. 정영주 시인의 시집 《달에서 지구를 보듯》 중 눈에 띄는 시가 있어 소리 내어 읽어보았다. 1연에 이어 2연을 읽는데 가슴 한켠이 아련해 지면서 더 이상 읽을 수가 없었다. 주름진 엄마의 손과 얼굴이 환영처럼 나타났다.

삼솔 뜨기

가장 깊은 그늘을 꿰매는 거야
깜깜한 무늬와 질감을 찔러

실로 음각을 뜨는 거야

흰 머리카락을 뽑아 바늘에 꿰어

깊은 우물 속, 두레박이 새지 않게 물을 긷는 거야

바느질이 목숨이었던 어머니, 실 떨어지면

명주 올처럼 길고 흰 머리카락을 뽑으셨지

어룽이다 꺼져가는 그늘과

찢어진 가족의 무늬와 식탁을 바늘로 이어 가셨지

어머니가 가셨던 길처럼

한 올 한 올 바늘로 쪽빛 모시를 꿰맬 때마다

멀리 떠난, 더는 깁을 것이 없는 어머니를 떠올리지

평생 바늘과 옷감을 놓지 않으신 어머니

그것으로 가족을 기워 둥근 띠를 엮으셨던 어머니

아버지 없는 둥근 밥상에 오글오글 새끼들만 모여

밥상까지 통째로 먹는 허기진 아이들

명주에 들어간 바늘이 실을 끌고 다닐 때

천이 제 몸들을 꼬옥 껴안지 못하면 바늘은

성글게도 허공과 손가락만 꿰매 놓곤 했지

둥근 밥상 앞에서도 새끼들 입에

당신 몫까지 다 내어주고 등 돌려 바느질만 하시던 어머니,

그 시린 등을 이제사 껴안고 난 쪽빛 모시 안으로 들어가고 있어

이 시를 낭송하는데 엄마의 그림자가 떠올랐다. '한 올 한 올 쪽 빛 모시를 꿰맬 때마다~' 구절에서 엄마가 바느질하는 모습이 떠올랐다. 나도 모르게 뜨거운 눈물이 볼을 타고 흘렀다. 엄마가 걸어온 그 힘든 여정을 바늘로 한 올 한 올 꿰맨다고 생각하니 목이 메어 낭송할 수가 없었다. 한 행씩 읽어 내려갈 때마다 엄마의 주름지고 깡마른 얼굴이 선명하게 스쳐 지나갔다.

엄마의 삶은 순탄하지 않았다. 엄마가 통통한 모습을 본 적이 없다. 자식들 먹여 살리려고 당신은 먹지도 입지도 않았다. 과일을 팔러 시장에 가는 날에는 엄마의 마음이 더 분주했다. 점심시간에도 엄마는 배고프지 않다며 먹지 않고 일만 했다. 엄마는 과수원을 했지만 제일 좋은 과실은 먹어보지 못했다. 탐스럽게 익은 열매를 보면 그저 비싼 가격을 받을 수 있는 상품으로만 보았다.

낭독은 간접 경험을 통해 추억을 생각나게 한다. 정영주 시인의 시를 읽으며 엄마가 생각날 줄은 몰랐다. 묵독으로 읽으면 그냥 지나칠 내용이 낭독하면서 엄마가 떠오른 것이다.

오감을 자극하고 싶다면 직접 낭독하는 것이 좋으나 녹음된 파일을 들어도 전두엽이 활성화되어 감정 이입이 일어난다. 그림이나 영상으로 만들어진 것을 보고 듣는 것보다 뇌를 활성화해 그 확장성이 커지게 한다. 소리 내어 책을 읽는 것은 누군가와 대화하는 것이다. 책 속에 숨겨진 내용과 감정, 상황까지 소리에 담아 표현할 수 있어야 청자의 몰입감이 높아진다. 깊이 있고 입체감 있게 낭독을 하면 감정 이입이 더 잘되어 오감이 활성화된다. 잠들어 있는 나의 오감을 깨워주는 낭독 독서! 지금 가볍게 시작해 보자.

제4부

낭독을 위한 집중 트레이닝

말하기는 타고나는 것일까

낭독은 말하기를 위한 훌륭한 연습법이다. 낭독 훈련은 낭독 자체에 집중하지 말고 누군가와 대화를 하는 것처럼 연습해야 한다. 평소에 말하는 것처럼 자신의 목소리로 편하게 하면 된다.

낭독은 어휘력, 독서력, 구성력을 탄탄하게 만들어주어 말을 잘하게 한다. 낭독할 때 의미의 명확한 전달력을 높이기 위해서 단어의 장단음과 키워드 체크는 필수다. 친근한 사람과 대화를 하는 것처럼 읽으면 된다. 서로 공감하고, 소통하며, 진정성 있는 대화 훈련을 하면 말을 잘할 수 있다. 낭독을 잘하려면 복식호흡, 발성, 발음의 삼박자가 맞아야 한다. 낭독의 시작은 호흡이다. 낭독 훈련을 하기 위해서는 복식호흡이 기본으로 되어야 한다. 호흡법 익히기와 말하기, 생각하기 등 콘텐츠에 생명을 불어넣는 훈련을 한다. 낭독을 잘하려면 자신에게 맞는 호흡법을 찾아야 한다. 목에 힘을 주지 않고 자신의 톤에 맞는 중저음의 목소리를 찾아내서 낭독한다.

음역대란, 본인이 낼 수 있는 가장 낮은 저음과 가장 높은 고음 사이의 영역이라고 할 수 있다. 자신의 몸에 맞는 옷을 입어야 하듯, 자신의 음역대를 찾아야 한다. 다음은 자신에게 맞는 중저음의 목소리를 찾는 방법이다.

1. 어깨에 힘을 뺀다. 편안한 자세로 의자에 앉는다.

2. 목을 앞으로 빼지 말고 턱을 잡아당긴다.

3. 복식호흡으로 배가 볼록하게 숨을 들이마시고 잠시 참는다.

4. 목에 가볍게 손가락을 가져다 대고 ~ '아~'하고 소리를 낸다.

5. 음의 높낮이를 변화시키며 중저음의 목소리를 찾아서 내것으로 만든다.

낭독 훈련을 할 때 문장에 담긴 작가의 의도를 파악하여 전달하도록 노력해야 한다. 평소에 말하는 연습을 할 때 감정 단어 훈련을 하는 것이 좋다. 감정 훈련으로 풍부한 감성을 불러올 수 있다. 글에서 전해져 오는 느낌을 그대로 형상화해서 전달하면 효과가 좋다.

'나도 말 잘하고 싶다.'라고 생각해 본 적이 누구나 한 번쯤은 있을 것이다. 우리는 말 잘하는 사람을 부러워한다.

'어떻게 말을 구수하고 맛깔스럽게 저리도 잘할까?'

말 잘하는 사람들은 상대방의 기분을 잘 살펴서 말한다. 말을 할 때 그 사람의 표정과 감정 상태, 주변 상황까지 관찰하여 말하는 센스를 가졌다. 자기의 말만 전하는 사람이 되지 말자. 남의 말에 귀 기울여 듣는 사람이 말을 잘하는 사람이다. 유창하게 말을 한다고 해서 말을 잘하는 것이 아니다. 서로 주고받는 대화에서 신뢰가 쌓인다.

말로 사람을 재미있게 하고 기분 좋게 하는 사람에게 호감이 간다. 재미있게 말을 하는 사람은 사람들을 끌어당긴다.

활기차게 말을 하면 상대에게도 생동감이 전해져 나의 말에 상대가 집중하게 된다. 어깨와 가슴을 쭉 펴고 시선은 정면을 향해 바라보자. 말의 감칠맛을 높이기 위해서 적절한 비유를 들어 사용하는 것이 좋다. 말을 길게 늘어놓지 말고 핵심만 골라서 이야기하자. 많은 말을 하다 보면 내가 무슨 말을 하는지 알지 못할 때가 있다. 마무리를 못해 난감한 경우가 발생하기도 한다. 말을 아끼자.

친구 용주는 말을 잘한다. 예쁜 말만 골라서 조리 있게 말한다. 긍정적인 마인드를 가진 친구다. 만날 때마다 통통 튀는 에너지의 밝은 목소리가 전달된다. 말에 자신감이 넘친다. 칭찬을 잘한다. 만날 때마다 기분이 좋아져서 또 만나고 싶어진다. 용주처럼 누군가를 만날 때 칭찬, 감사, 사랑의 말을 많이 사용하면 사람이 따른다. 여러 사람이 만나 대화할 때는 공통 화제를 이야기하는 게 좋다. 대화할 때는 웅얼거리는 소리로 하지 말자. 당당하게 자신감 있게 말을 하자. 생각을 먼저하고 말하는 연습을 하면 말을 잘할 수 있다. 의사소통 능력이 좋아야 말을 잘할 수 있다.

이제 소리 내어 책을 읽도록 하자. 일정한 톤으로 읽으면 단조롭고 쉽게 지친다. 듣는 사람의 마음에 울림이 없다. 이럴 때 '식상하다'는 표현을 쓴다. 강약을 적당하게 넣어주어야 말이 쫄깃하고 감칠맛도 나서 척하고 달라붙는다. 낭독을 할 때는 강약을 주면서 극적인 효과를 주어야 한다. 귀를 쫑긋 세우고 듣게 하려면 말에 포장과 채색을 해야 한다. 강하기만 하면 청중의 감성을 자극하지 못한다. 적절하게 밀고 당기기가 필요하다. 좋은 낭독가가 되고 싶다면 강약조절을 반복해서 연습해 보자.

말을 잘하는 것은 타고나기도 하지만 연습을 통해 만들어질 수 있다. 자신이 말하는 것을 녹음해서 들어보고 관찰해 보자. 말 잘하는 사람의 영상을 보고 그대로 따라 해 보자. 관찰, 숙고, 개선을 통해 성장하고 변화한다. 딱딱하게 말을 하고 있다면 이미지를 상상하면서 말을 부드럽게 하는 연습을 하자. 정확한 언어로 환경에 맞게 대화하는 것이 말을 잘하는 것이다.

낭독 독서는 말을 잘할 수 있도록 말의 근육을 단련해 준다. 낭독은 단지 읽기에서 끝나는 것이 아니라 글쓰기 실력도 키워준다. 말하기와 이해하기, 전달하기 노하우는 낭독이 최고다.

말 잘하는 법

'김미경처럼 말 잘하고 싶다.'
'유재석처럼 말을 재밌게 하고 싶다.'

친구들끼리 만나서 말을 하다 보면 유독 재미있게 말을 하는 친구가 있다. 어떻게 생글생글 웃어가며 조리 있게 말을 잘할까? 분위기를 이끌어가는 그 친구의 말에는 붙임성이 있다. 한번쯤은 말 잘하는 사람을 부러워한 적이 누구나 있을 것이다. 말을 잘하려면 어떻게 해야 할까?

나는 엄마와 대화를 해서 이겨본 적이 없다. 한마디 던지면 변호사처럼 말을 하니 말싸움에서 매번 진다.

"네. 이 변호사님. 그만 하세요."

여동생이 엄마한테 이렇게 말하면 엄마는 어이가 없는지 웃었다. 여동생은 엄마를 이 변호사라고 불렀다. 이 변호사인 엄마를 닮

았더라면 말을 잘할 텐데 나는 엄마를 닮지 않았나 보다.

말은 나와 상대방이 만나서 소통할 수 있는 유일한 도구다. 사람은 진정성 있는 말을 통해서 감동을 주고받는다. 말만 잘해도 굶어 죽지 않는다고 하지 않는가.

"교수님 오늘 멋지십니다. 젊어 보이세요. 넥타이가 잘 어울립니다. 무슨 날인가요?"

"날은 무슨 날. 김 선생이 잘 봐서 그렇지. 수업 끝나고 밥이나 먹으러 갈까?"

H 교수님께 칭찬 한 마디 던졌더니 저녁이 해결되었다. 이처럼 적재적소에 던진 말 한마디는 그에 합당한 대접을 받는다.

고교 시절 상업부기를 가르치던 L 선생님은 키가 크고 얼굴이 까만 분이었다. 그래서 하얀 치아가 유난히 돋보이는 분이었는데, 무섭기로 소문이 났다. 수업 도중에 신이 나서 선생님은 싱글벙글 자신의 이야기를 풀었다. 교탁 바로 앞에 앉아있던 나는 무슨 생각에서인지 한 마디 하고 말았다.

"선생님, 대단하세요!"

선생님은 이 말 한마디에 기분이 좋았는지 날개를 단 듯 말이 훨

휠 날아가고 있었다. 조용히 듣고 있던 나는 한마디 던졌다.

"머리가 단단하다고요."

내가 말하는 순간 교실은 찬물을 끼얹은 듯 고요해졌다. 아이들의 눈과 귀가 교탁에 서 있는 선생님에게 일제히 향하고 있음을 등 뒤에서 느꼈다. 순간 움찔했다.

'거북이의 목이 이럴 때 들어가는구나!'

'이크, 큰일 났다. 손바닥 맞겠다.'

마음을 졸이고 있었다. 선생님의 손이 움직이는 게 느껴졌다. 출석부를 치켜드는 순간 얼른 두 눈을 감았다.

"이 녀석이! 선생님한테 그런 말을 해. 다음부터 그러지 마라."

의외로 선생님은 이렇게 말씀하시며 들고 있던 출석부를 내려놓았다. 간담이 서늘한 시간이었다. 언행을 조심해야 한다. 입에서 한 번 나간 말은 결코 다시 주워 담을 수가 없다.

말을 잘하면 원수 같은 사람이 평생 친구가 되기도 하고 은인이 되기도 한다. 말에는 힘이 있다. 말은 생각에서 비롯된다. 말은 창조의 힘을 가지고 있다. 긍정적인 말은 긍정적인 결과를 가져오고 부정적인 말은 부정적인 결과를 가져온다. 당신의 행동과 말은 습관적으로 잠재의식에 내재하여 있다.

당신은 평소에 어떤 말을 즐겨 사용하는가? 긍정적인 말을 사용하는 사람과 사귀어라. 긍정의 말을 하는 사람에게는 무한한 힘이 있다. 무게감과 진실함이 느껴진다. 성공한 사람들은 긍정의 말을 사용한다. 반면에 부정적인 말을 하는 사람은 가난한 사람이 많다고 한다.

부정적으로 사고하는 사람은 긍정적으로 사고하는 사람을 이길 수 없다. 부정적으로 생각하는 자는 성공으로 가는 길이 멀다. 긍정적 사고의 사람이 부자가 될 확률이 부정적 말을 하는 사람보다 높다는 실험 결과가 있다. 긍정적인 말을 하는 사람과 부정적인 말을 하는 사람은 표정부터 다르다.

평소에 나는 어떤 말을 자주 사용하는지 생각해 보자. 그 사람이 하는 말속에는 지식과 교양, 경험, 성격, 억양, 지방적인 특색, 어휘량, 인품과 인성 등이 들어가 있다. 대화를 통해서 사람을 평가하거나 판단하는 기준이 되기도 한다.

말을 할 때에는 다음의 세 가지를 염두에 두도록 하자.

첫째, 진심을 담아서 정성스럽게 말한다.

둘째, 전달하고자 하는 내용을 정확하게 정리한다.

셋째, 적절한 표현법을 사용해 말한다.

낭독 독서 모임에 처음으로 참여하는 Y 성우는 말수가 너무 적은 사람이었다. 질문을 하면 무슨 말을 하면 좋을지 몰라서 거의 한

마디로만 대답하는 사람이었다.

"좋아요."

하지만 그녀는 소리 내어 책을 매일 읽더니 크게 변화했다. 시간이 흐를수록 언변이 놀랍게 성장한 것이다. 자신감 있게 말을 잘하는 방법 역시 낭독 독서가 답이다.

복식호흡

복식호흡은 좋은 목소리를 내기 위한 기본이다. 낭독을 하거나 노래를 할 때 첫 번째로 중요한 것이 호흡이다. 복식호흡은 발성의 기본이다. 최소한의 호흡으로 최대한 음색을 조절해야 한다. 효과적으로 호흡하기 위해서는 숨을 깊이 들이마시고 길게 내쉬어야 한다. 안정적인 호흡과 발성, 발음을 통해서만 좋은 목소리를 낼 수 있다.

자연스러운 호흡을 해야 청자가 편안하게 들을 수 있다. 가끔 출근 시간에 쫓겨 책을 읽는 속도를 빠르게 한 적이 있다. 출근길에 버스를 타고 이동하면서 들어보았다. 속도가 빠르다 보니 호흡이 불규칙하고 맥박도 빠르게 움직였다. 뭔가 쫓기는 듯한 불안한 목소리였다. 그러면 듣는 사람도 덩달아 불안해진다.

듣는 사람은 낭독자와 호흡을 같이한다. 여러 성우의 오디오 파일을 듣다 보면 안정된 톤이 있는가 하면 불안정해서 청자의 마음을 불편하게 하는 경우도 있다. 쉼표가 나왔는데 쉬지 않고, 오히려 문장 중간에서 숨을 쉰다. 마침표에서는 끊어야 하는데, 끊지 않고 도중에 쉬는 경우를 본다. 쉼표와 마침표에서는 쉬고 호흡을 해주어야 문장이 매끄럽게 이어질 수 있다.

좋은 목소리의 3요소는 호흡, 발성, 발음이다. 이 중에서 복식호흡은 성량을 좌우하며, 목소리를 안정적으로 전달하는 데 중요한 역할을 한다. 호흡은 목소리를 만들어내는 질좋은 재료라 할 수 있다. 호흡이 길어야 좋은 목소리의 요리를 만든다. 좋은 목소리를 얻으려면 반드시 복식호흡을 하면서 말을 해야 한다.

흉식호흡을 하게 되면 목소리 톤이 일정하지 않아서 듣는 사람을 불편하게 만든다. 흉식호흡은 가슴으로 숨을 들이마시는 호흡이다. 숨을 들이마시는 양이 적기 때문에 금방 숨이 찬다. 호흡이 불안해서 목소리가 떨린다. 말이 빨라진다. 책을 읽으면 목이 따끔거리고 아프다. 목소리 톤이 일정하지 않다. 장시간 녹음할 수가 없다.

복식호흡은 들이마시는 호흡의 양이 흉식호흡에 비해 많다. 호흡이 안정적으로 유지된다. 목소리 떨림을 완화시켜 준다. 말을 편안하게 할 수 있다. 소리의 울림도 좋아진다.

흉식으로 하는 호흡이 보석이라면 복식으로 하는 호흡은 다이아몬드다. 책 속에서 보화를 캐내는 일은 원석을 가공해 다이아몬드를 만드는 것과 같다. 자신의 노력에 따라 반짝이는 보석으로 살아갈 수도 있고 다른 사람들의 로망이 되는 다이아몬드로 살아갈 수도 있다. 묵독으로 책을 보았을 때와 소리 내어 책을 읽었을 때의 호흡법이 다르다.

복식호흡만 잘해도 목소리가 달라진다. 낭독은 자신을 가르치는 스승이다. 낭독 프로젝트를 시작한 사람들은 책을 좋아해서 낭독을 시작한 것이 아니었다. 책을 소리 내어 읽음으로써 자신의 목소리를 찾아 변화시키려는 마음으로 시작했다. 하지만 낭독하면서 책을 좋아하게 된 경우가 제법 많다.

흉식호흡으로는 5분간 낭독하는 것도 쉽지 않다. 복식호흡을 시작하고 익숙해지면 1시간도 거뜬히 해낸다. 낭독을 시작하기 전에는 짧은 흉식호흡으로 책을 읽었다면 낭독하면서부터는 호흡이 긴 복식호흡을 이용한다.

호흡이 중요한 이유는 목소리의 에너지원이기 때문이다. 우리는 숨을 내쉬면서 말을 하게 되는데, 이때 에너지원인 공기를 어떻게 들이마시고 내쉬느냐에 따라 말에 실리는 힘의 크기가 결정된다. 노래 부를 때에도 호흡이 중요하다. 낭독에서의 호흡과 발성은 노래를 부를 때와는 차이가 있지만, 목소리를 내기 위해 호흡이 가장 기본이라는 점은 일치한다.

흉식호흡은 숨 쉴 때마다 가슴이 부풀어 올랐다가 가라앉는다. 숨을 들이마실 때 횡격막이 올라가고, 숨을 내쉬면 횡격막이 내려가는 호흡법이다. 반대로 복식호흡은 숨을 들이마셨을 때 횡격막이 아래로 내려가고 숨을 내쉬면 횡격막이 위로 올라간다. 횡격막이 내려가고 올라가는 것이 왜 중요할까? 바로 폐에 들어가는 공기의 양 때문이다. 숨을 들이마실 때 횡격막이 올라가는 것보다 횡격막이 내려가는 쪽이 들이쉬는 공기의 양이 많아진다. 목소리의 에너지원인 공기가 훨씬 더 많이 축적된다. 그래서 좀 더 힘 있고, 안정감 있는 목소리를 낼 수 있게 된다. 목소리를 좋게 하기 위해선 후두를 진동시키는 에너지원인 산소를 충분히 공급해 주어야 한다.

50대 초반인 미영 씨는 뱃살을 찾아볼 수가 없다. 만난 지 몇 년 되었지만, 볼록한 배를 한 번도 본 적이 없다. 그녀의 말에 의하면 왕(王) 자가 보인다고 한다. 배를 직접 보지는 못했다.

"자기는 어떻게 아랫배가 하나도 없냐?"

"하하하, 복식호흡을 하면서 걸으니까 아랫배가 나오지 않아요."

"정말? 어떻게 하는 거야? 나는 아랫배가 많이 나와서 걱정이야."

"직장동료가 알려줬어요. 걸을 때나 식사할 때 무엇을 하든지 복식호흡을 하는게 포인트예요. 한번 해 보세요. 효과가 있더라니까요."

그녀는 회사에 출근할 때는 지하철을 이용하고 귀가할 때는 40분 거리를 걸으면서 복식호흡을 한다고 했다. 복식호흡만으로 왕(王)

자가 새겨졌다면서 복근을 보여주려고 했다. 어떻게 호흡만으로 복근이 생기나 의아해 하며 그녀를 따라했다. 그렇게 낭독을 시작하기 전부터 복식호흡을 하며 생활했다

밥을 편하게 먹다가도 '아차'하며 복식호흡을 한다. 아랫배에 긴장감을 주니 많이 먹지 않게 된다. 호흡법에 따라 공기의 양이 달라진다. 흉식호흡과 복식호흡으로 풍선을 불어보자. 한 사람이 같은 풍선을 불어도 흉식호흡과 복식호흡으로 불은 풍선의 크기가 다르다는 것을 알 수 있다.

우리가 잠을 잘 때 숨 쉬는 방법이 복식호흡이다. 바닥에 누워 있으면 어깨와 가슴이 고정되어 있어서 좀 더 쉽게 복식호흡을 할 수 있다. 일요일 아침 낭독을 하기 전에 책상에 앉아있는 성우들을 일어나서 바닥에 누워 호흡해 보라고 했다. 호흡을 잘하고 있는지 판단하기 어려우면 가벼운 책이나 물건을 배에 올려놓고 하면 된다. 숨을 들이마실 때 책이나 물건이 위로 올라갔다가 내쉴 때 아래로 내려오는지 확인하면서 호흡해 보자.

평소에 복식호흡이 익숙해질 때까지 매일 연습해야 한다. 별도로 시간을 내기 힘들면 책상에 앉아있을 때, 식사할 때, 버스나 지하철을 기다릴 때, 걸어가면서도 연습할 수 있다. 때와 장소와 상관없이 연습할 수 있으므로 마음만 굳게 먹으면 습관으로 만들 수 있다.

복식호흡은 낭독할 때만 필요한 것이 아니라 건강한 폐를 위해

서도 필요하다.

지금부터 복식호흡을 연습해 보자.

1. 오른손은 가슴, 왼손은 배꼽 아래에 단전에 얹는다.

2. 천천히 코로 숨을 들이마시면서 마음속으로 3초를 센다.

3. 잠시 숨을 3초 정도 참았다가 '후~' 나 '스~'하면서 6초간 내뱉는다. 숨을 들이마시는 호흡보다 내뱉는 호흡이 길어야 한다.

4. 6초 간 숨을 들이마시고 12초 간 내보낸다. 10초 간 숨을 들이마시고 20초 간 숨을 내쉰다.

숨을 깊게 들이마신 다음 소리를 5초, 10, 20초, 30초 호흡량을 늘려가며 연습해보자.

"아~~~"

"이~~~"

"우~~~"

"에~~~"

"오~~~"

호흡을 잘하기 위해서는 호흡 강화 훈련을 해야 한다. 반복해서 연습해야 효과적이다. 복부 근육을 강화하기 위해 꾸준히 운동을 병행해 주어야 한다. 복식호흡을 해야 안정감 있는 목소리를 낼 수 있다. 언제 어느 때든 많은 사람 앞에서 자신감 있게 발표를 잘할 수 있다.

복식호흡만 잘해도 좋은 목소리와 건강을 유지할 수 있다. 목소리까지 좋아지는 복식호흡으로 낭독을 하자. 복식호흡 하루 5분, 10분이면 충분하다. 의식적으로 하지 않으면 몸에 배지 않는다. 누구나 자신의 목소리를 좋은 목소리로 바꿀 수 있다.

낭독을 할 때에는 복식호흡이 필수라는 것을 기억하자. 일상적으로 말을 할 때는 흉식호흡으로 말을 해도 되지만 낭독을 할 때는 복식호흡으로 해야 오래 해도 목이 아프지 않다. 낭독 독서 모임에 참여하는 김나경 성우는 하루에 1시간씩 낭독을 한다. 백지원 성우는 최고 5시간을 낭독했다고 한다. 22년 3월 대전에서 낭독회 모임을 했을 때 최서린 성우와 나는 3시간을 낭독했다. 이렇게 낭독을 할 수 있는 이유는 복식호흡으로 소리 내어 책을 읽었기 때문이다.

낭독하는 사람의 호흡이 불안하면 듣는 이도 불안해진다. 낭독가가 편안하고 안정된 호흡을 유지하면 청자도 편안하게 메시지를 받아들인다. 쉽게 따라 할 수 있는 발성 연습과 복식호흡은 기본이다. 발성도 호흡과 마찬가지로 매일같이 연습해야 한다. 우리가 자전거 타는 법을 처음에 확실히 배워두면 한동안은 자전거를 타지 않아도 다시 탔을 때 금방 잘 탈 수 있게 된다. 이처럼 호흡과 발성도 내 몸이 기억하고, 익숙해지도록 하는 것이 중요하다. 꾸준한 복식호흡 연습으로 좋은 목소리를 만들어낼 수 있다.

코로나19 팬데믹 시대, 온라인 시대, 4차 산업혁명 시대에는 목소리가 중요한 요소로 작용한다. 미래를 알지 못하면 우물 안 개구리로 살 수밖에 없다. 발표, 강의, 미팅, 취업, 상담 등 목소리가 좌우하는 곳이 수없이 많다. 복식호흡을 통해 목소리에 자신감을 가져보자.

좋은 발성법

　좋은 목소리의 두 번째 조건은 발성이다. 발성 연습을 하면 떨리는 목소리나 힘없는 목소리도 자신감 있는 목소리로 바꿀 수 있다. 복식호흡을 충분히 연습했다면 발성 연습을 해보자.

　발성이란 날숨에 의해 성대를 진동시켜 음성(목소리)을 만들어내는 현상이다. 성대가 닫혀있는 상태에서 성대 밑부분에 올라오는 공기 압력(성문하 압력)이 커지면 성대가 열리게 되고 열린 성대 사이로 공기가 빠져나간다. 열린 성대는 베르누이 효과와 성대의 탄력성으로 다시 닫히게 되고 닫힌 성대는 다시 증가된 성문하 압력에 의해 열리게 된다. 이러한 과정이 반복되면서 성대가 진동하게 되고 발성이 이루어지게 된다. *(네이버 지식백과)*

　● 성문하 압력 : 성대를 진동시킬 수 있는 최소한의 압력이다.

　● 베르누이 효과 : 기체나 액체가 단면적이 큰 곳을 지날 때는 흐

름이 느려지고 압력이 높아지며 단면적이 작은 곳을 지날 때
는 그 반대가 되는 효과. 성대 진동의 주기를 설명하는 데에
유용한 이론이다.

발성으로 나온 목소리는 음조, 음고, 음질, 유연성을 갖고 있다.
첫째, 음조는 소리의 높낮이, 강약, 빠르고 느린 정도를 말한다.
둘째, 음높이는 목소리의 높낮이와 크기를 뜻한다. 높낮이를 표현
　　　할 때 헤르츠(Hz)를 사용하고 크기는 데시벨(db)을 사용한다.
셋째, 음질은 목소리의 명료도다. 소리의 맑은 정도를 뜻한다.
　　　잡음이 섞이지 않는 배음이다. 배음은 소리의 기본 진동
　　　수의 정수배인 음을 말한다. 쉰 목소리는 음질에 문제가
　　　있는 대표적인 목소리다.
넷째, 유연성은 음높이를 어느 정도 변화시킬 수 있는지를 말한다.
　　　목소리를 크게 하거나 작게 또는 높거나 낮게 조절한다.

　내 마음을 울려야 다른 사람의 마음도 울릴 수 있다. 좋은 발성
에는 '공명'이 필수적이다. 공명이란 서로 함께 울린다는 뜻이다. 성
대의 진동으로 발생한 음성이 인체의 각 부분에 전달돼 진동함으로
써 성대에서 처음 발생한 음성과 서로 어울리는 현상을 말한다. 제
대로 된 공명이 이뤄지기 위해서는 인체의 각 부분이 진동해야 한

다. 우리의 몸은 울림통이다. 몸이 긴장하면 정상적인 공명을 얻기 힘들기 때문에 긴장하지 않도록 해야 한다. 좋은 발성이란 최소한의 힘을 이용해 가장 유리한 공명 조건을 확보함으로써 목소리의 음량과 강도를 최대한으로 발휘하는 데 있다.

내 몸의 공명점, 키 톤을 찾으면 내 몸에 맞는 좋은 목소리를 낼 수 있다. 키 톤은 명상하거나 안정감을 느낄 때 또는 누군가와 말할 때 나오는 음역대를 말하며 울림을 극대화한 톤이기도 하다. 키 톤에 맞춰 말을 하면 편한 목소리가 나온다. 키 톤을 찾는다는 것은 깊은 울림이 느껴지는 공명을 찾는 것이다. 자신의 키 톤을 찾으면 성대의 피로도를 낮추고 정확한 소리를 낼 수 있다.

공명은 발산된 소리를 증폭시키는 작용이다. 울림소리를 만들기 위해서 입 모양을 동그랗게 만들어준다. 입안의 아치를 크게 해 주어야 한다. 동그란 원을 반으로 자르면 아치가 된다. 아치는 입을 크게 벌렸을 때 목구멍과 목젖이 만드는 모양이다. 목젖을 위로 들어 아치의 모양을 크게 만들 때 좋은 소리를 낼 수 있다.

아치를 크게 하는 방법을 모르겠다면 하품을 해보자. 하품하면 입이 크게 벌어져 턱이 최대한 아래로 내려가 공간을 확보하게 된다. 거울을 보며 입안을 크게 벌려 "아~"라고 소리 내어보자. 아치가 보이지 않는다면 톤을 너무 높게 잡았거나 소리가 크지 않거나 혀가 높았기 때문이다.

입안을 크게 하려면 턱을 아래로 내려 입안의 공간을 확보해 준다. 혀가 중간에 뜨지 않고 아래에 있는 채로 말을 해야 한다. 그러면 혀 윗부분에 울림 존이 생겨서 더 좋은 소리를 낼 수 있다.

공명이 제대로 된 목소리는 크고 부드럽다. 울림이 있는 독특한 음색을 갖게 된다. 목소리는 공명이 잘되었을 때 효과적으로 전달되고 풍부한 감성을 실을 수 있다. 건강한 신체에서 건강한 목소리가 나기 때문에 좋은 발성을 위해서는 튼튼한 체력이 뒷받침되어야 한다. 전화통화를 할 때 목소리만으로 건강 상태를 파악할 수 있다. 심하게 아픈 날은 목소리가 가냘프고 기어들어 간다. 힘이 없어서 무슨 말을 하는 것인지 못 알아들을 때가 있다. 반면에 건강할 때는 활력이 넘쳐서 카랑카랑한 목소리가 전해져 온다. 목소리를 듣는 것만으로도 상대의 마음을 알아차릴 수 있다.

발성을 시작하기 전에 스트레칭으로 온몸의 경직된 근육을 이완시키자. 스트레칭은 호흡과 발성이 원활히 이뤄질 수 있도록 도와준다. 가벼운 체조나 몸을 푸는 동작을 시행한다. 최대한 몸을 편하게 만들어 준다.

◆ 발성기관 스트레칭 하기

1. 목을 좌우로 3회 이상 돌린다. 좌우로 숙였다가 편다.

2. 양손을 깍지끼워 손바닥이 위로 가게 하고 5초 이상 쭉 뻗는다. 그 상태에서 우측으로 내렸다가 원래 자세로 돌아온다. 좌측으로 내려갔다가 원래 자세로 돌아온다. 다시 한번 반복한다.

3. 팔을 올린 상태에서 양쪽으로 펼치면서 "하, 하, 하" 소리를 내며 내린다.

4. 허리를 숙여 손끝이 바닥에 닿도록 한다. 몸을 뒤로 젖힌다.

5. 양쪽 어깨를 쭈욱 올렸다가 '툭' 하고 떨어트린다.

6. 뒷목과 후두를 살짝 마사지해준다.

7. 양손을 깍지 끼워서 뒷목에 얹고 앞으로 살짝 눌러준다.

8. 양손 엄지를 턱 아래에 대고 위로 들어올려서 고개를 뒤로 젖혀준다.

조음 기관은 말소리를 만드는 데 사용하는 신체 기관을 의미한다. 발음 기관이나 음성 기관이라고도 한다. 발성 연습을 하기 전에 경직된 입 주변 근육을 스트레칭으로 풀어주자.

◆ 조음기관 스트레칭 하기

1. 양 손바닥 안쪽을 이용하여 입 주변을 둥글게 그려가며 풀어준다.

2. 입으로 "똑 딱, 똑 딱" 하며 시계 초침 소리를 낸다.

3. 볼에 바람을 넣었다가 "푸우~"하며 뱉어낸다.

4. "부르르~"하고 입술을 턴다.

5. "따르릉", "부릉부릉" 하고 전화소리나 자동차소리를 낸다.

6. 사탕을 물고 있는것처럼 혀로 양쪽 볼을 밀어준다.

7. 혀로 치아, 잇몸, 볼, 입천장 등 입안 전체를 닦아준다.

8. 풍선을 크게 분다.

발성 연습은 내 목소리를 10m 앞으로 던지는 연습이라 생각하자. 처음에는 잘되지 않는다. 오른손은 가슴에 왼손은 배에 놓고 "아, 이, 우, 에, 오" 소리를 멀리 던진다고 생각하면서 소리 내어보자.

발성은 호흡을 동반한다. 호흡 훈련으로 날숨 근의 힘을 키우면 힘 있는 발성이 가능해진다. 발성 훈련은 근육을 이완시키고 목소리와 호흡을 연결해 주며 공명강을 개발해 준다.

공명강은 공명을 일으키는 몸 안의 빈 속. 목청에서 생긴 진동이 목청 위로부터 목, 입속, 콧속, 머리 부위까지의 공기를 진동시켜 음량을 크게 한다. 아름답고 부드러운 소리를 내게 한다.*(네이버 국어사전)*

발성 연습은 낭독을 잘하기 위해서 꼭 필요한 과정이다. 거울을 보고 최대한 입을 크게 벌려 연습하는 것이 좋다.

정확한 발음법

정확한 발음은 좋은 목소리의 세 번째 조건이다. 발음을 분명히 하면 전달력이 높지만, 발음이 부정확하면 청자의 이해도가 떨어진다. 정확한 소리를 전달하기 위해서는 자신만의 노력이 필요하다.

발음이 부정확한 원인은 모음에 있다. 모음은 입술과 혀의 움직임에 따라 결정된다. 혀는 발음을 형성하는 데 아주 중요한 역할을 한다. 말을 할 때 혀를 내려 공간을 만들어주면 더욱 명료한 소리를 얻을 수 있다.

매일 책을 소리 내어 읽기 전에 발음 연습을 하면 책 읽기가 훨씬 수월하다. 발음 연습은 강조해도 지나치지 않는다. 발음 연습을 하고 나서 책을 읽는 것과 그러지 않고 읽는 것과는 확연한 차이가 난다.

국어의 모음은 21개이다. 단모음은 'ㅏ, ㅐ, ㅓ, ㅔ, ㅗ, ㅚ, ㅜ, ㅟ, ㅡ, ㅣ'의 10개다. 처음부터 끝까지 입술 모양이 변하지 않는 모음이다. 이중 모음은 'ㅑ, ㅒ, ㅕ, ㅖ, ㅘ, ㅙ, ㅛ, ㅝ, ㅞ, ㅠ, ㅢ'으로 11개다. 두 가지 모음이 합쳐 만들어져서 입 모양이 바뀌는 모음이다. 자신의 입 모양을 거울 보면서 소리 내어보자. 명료한 발음을 위해 스타카토 발음으로 연습하자. 스타카토는 음악을 연주하는 악보에서 음을 하나하나 짧게 끊는 듯이 노래하라는 뜻이다. 스타카토 발성은 발음의 정확성을 높이고 호흡 훈련에 뛰어난 효과가 있다. 어미와 조사를 늘이지 않고 짧게 끊어 읽어 말의 신뢰감을 높이는 방법이다. "아.야.어.여.오.요.우.유."하고 점이 찍혀 있는 부분에서 쉬어주는 것이 포인트다.

매주 일요일 아침 6시는 낭디꿈 독서 모임으로 하루를 시작하는 날이다. 1주일 동안은 책을 읽고 녹음해서 단톡방에 공유한다. 하루 종일 틈새 시간에 성우들의 음성을 들을 수 있어 행복하다. 목소리에는 각자의 개성이 실려 있다. 똑같은 책을 읽어도 속도감과 리듬감이 다르게 느껴진다. 리듬감은 일정한 음악적 규칙에 따라 반복되며 움직이는 느낌을 말한다. 마음으로 체득해지는 감정을 타고 전해지는 방향도 저마다 다르다.

낭독할 때 명료한 발음보다는 노래하듯 흥얼거리는 성우가 있다. 그런 분들은 시간이 지나도 실력이 늘지 않았다. 정확한 발음 연습을 하지 않아서 제자리걸음만 할 뿐이다. 낭독하는 소리를 들으면 발음이 불명확해서 전달력이 떨어진다. 스타카토로 발음연습을 하는 것은 들숨과 날숨을 이용해서 "아!" 하고 소리를 낼 때 아랫배가 들쑥날쑥한 것이다. 숨을 들이마시고 "아" 하고 내뱉는다. 다시 숨을 들이마시고 "아!" 하고 내뱉고를 반복한다. "아! 아! 아!"를 한 호흡으로 연습해 보자. 복식호흡으로 해야 한다는 것을 명심하자.

강의 시간에 발음 연습을 한 사람씩 돌아가면서 해본다. 집중해서 하는 시간이라 모두 잘한다. 함께할 때는 잘하는데 혼자 연습해서 올리는 녹음 파일을 들어보면 실수하는 경향이 있다. 정확한 발음을 무시하고 리듬을 빠르게 타서 읽거나 느리게 해서 읽는다. 숨을 깊게 들이마시는 복식호흡으로 읽지 않고 흉식호흡으로 하면 목소리 톤이 일정하게 나오지 않는다. 숨을 가쁘게 몰아쉬면서 읽기 때문에 마지막 부분에서는 소리가 커진다. 끝까지 완수했다는 외침의 소리다. 환희의 함성인데 듣는 사람에게는 좋게 들리지 않는다.

유튜브 동영상 강의 시간이었다. 내가 강의를 시작하자 수강생들이 살며시 미소를 지었다. 미소를 지을만한 내용이 아니었는데 말이다. 나중에 이유를 알게 되었다. 그것은 나의 발음 문제 때문이었다. 강의하면서 '그것이', '그것을'을 발음할 때 나도 모르게 음가 그대로 말했다.

'그것을'이라고 또박또박 발음했다. 연음법칙에 의해 '그거슬'

이라고 읽어야 한다. '그것이'는 '그거시'라고 발음해야 한다. 그 뒤로 말을 할 때 다시 한번 생각하고 주의를 기울여 말하는 습관이 생겼다. 소리 내어 책을 읽을 때 수강생들도 '그것이'를 '그것이'로 읽는데 그런 경험이 있어서인지 귀에 쏘옥 들어왔다. 살며시 입가에 미소가 지어졌다. 예를 들면 '꽃을'을 발음할 때 어떻게 해야 하는 가? 강의 시간에 문장을 읽어보는 연습을 했다. 몇몇 성우가 '꽃을' '꽃을'이라고 발음했다. '꽃을'은 '꼬츨'이라고 발음해야 한다. 실수 하기 쉬운 발음이다.

	ㅏ	ㅑ	ㅓ	ㅕ	ㅗ	ㅛ	ㅜ	ㅠ
ㄱ	가	갸	거	겨	고	교	그	규
ㄴ	나	냐	너	녀	노	뇨	누	뉴
ㄷ	다	대	더	뎌	도	됴	두	듀
ㄹ	라	랴	러	려	로	료	루	류
ㅁ	마	먀	머	며	모	묘	무	뮤
ㅂ	바	배	배	벼	보	뵤	부	뷰
ㅅ	사	샤	새	셔	소	쇼	수	슈
ㅇ	아	야	애	여	오	요	우	유
ㅈ	자	쟈	재	져	조	죠	주	쥬
ㅊ	차	챠	채	쳐	초	쵸	추	츄
ㅋ	카	캬	캐	켜	코	쿄	쿠	큐
ㅌ	타	탸	태	텨	토	툐	투	튜
ㅍ	파	퍄	패	펴	포	표	푸	퓨
ㅎ	하	햐	해	혀	호	효	후	휴

다음 페이지의 표를 보면서 스타카토로 발음을 정확하게 해보자.

책을 잘 읽으려면 발음 연습은 필수적이다. 스타카토로 들숨과 날숨을 이용해서 딱딱 끊으며 절도 있게 읽어보자. 입을 상하로 크게 동그랗게 벌리고 정확한 입 모양을 만든 후 발음한다. 발음 훈련이 되면 책 읽기가 훨씬 수월해진다.

발음이 정확하지 않으면 무슨 내용인지 알 수 없어 전달력이 떨어지고 목소리는 소음으로 들린다. 자신의 목소리가 아닌 것을 억지로 꾸며서 만들 필요는 없다. 충분한 연습을 통해 자연스럽게 목소리가 나오도록 하면 된다.

책을 열심히 읽으면 자신에게 잘 맞는 톤을 찾을 수 있다. 자신이 가장 안정적으로 낼 수 있는 목소리로 자연스럽게 낭독하면 된다. 남의 목소리가 좋다고 그 톤으로 그대로 따라하거나 흉내낼 필요가 없다.

정확하게 발음 연습을 한 후에 책을 읽도록 하자. 뚜렷한 발음은 전달력이 좋다. 매력적인 목소리를 가졌다 하더라도 발음이 좋지 않으면 신뢰감이 떨어진다. 전달력이 떨어져 청중을 사로잡을 수 없다. 사투리가 심하다면 스타카토로 톡! 톡! 끊어서 하는 연습을 추천한다.

낭독 호흡법

호흡은 낭독의 세계로 인도하는 통로다. 들숨과 날숨을 잘 이용해야 긴 문장도 막히지 않고 읽어낼 수 있다.

호흡하고 있다는 것은 살아 있음을 뜻한다. 죽음을 앞둔 상태에서는 숨쉬기가 힘들다. 코로나19로 마스크를 쓰고 다니니 호흡이 거칠 때가 많다. 한여름의 태양 아래서는 숨이 막혀서 헐떡거렸다. 산소를 마음껏 들이마시고 내뿜을 수 있다는 것이 얼마나 좋은 것인 줄 미처 모르고 살아왔다. 코로나19가 종식되어 마스크를 벗고 사는 세상이 빨리 왔으면 좋겠다.

목소리를 내는 힘의 원천은 호흡이다. 호흡 조절을 잘해야 긴 문장도 편하게 읽을 수 있다. 허파에서 나온 바람이 성대를 지나면서 진동하면 음파를 만들어낸다. 음파가 천천히 지나가면 저음이 나고 빨리 지나가면 고음이 난다. 사람의 공명체계는 좀 복잡하다. 목의 후두에 있는 후강, 입 안의 구강, 코안의 비강 등 비어 있는 곳을 공명통이라 하고, 뇌를 울리는 소리를 두성이라고 표현한다. 목, 입, 코, 뇌 등을 이용하여 매력적인 목소리를 만들어낸다. 공명을 잘 활용하여 목소리를 크게 하고 음질을 향상시킬 수 있다. 이는 좋은 목소리를 원하는 사람이라면 반드시 습득해야 하는 중요한 기술이다. 목소리가 어딘가 이상하다고 생각되면 이러한 호흡, 성대 및 공명체 세 가지 중의 하나에 문제가 있는 것이다.

　　호흡하기 위해서 몸을 풀어주는 준비 운동을 하면 좋다. 운동선수들은 앉았다 일어나기, 굽히기, 펴기, 어깨 돌리기, 팔 흔들기, 제자리 뛰기 등 경기를 위해 몸을 풀어주는 워밍업을 실시한다. 근육의 긴장도를 전문 용어로 토너스(*tonus*)라고 한다. 토너스란 근육 섬유에 주어지는 지속적인 미세한 긴장의 정상적 상태로서 자극에 대한 신속한 반응을 용이하게 한다. 몸이 지나치게 긴장하지도 또 지나치게 이완되지 않은 상태이어야 쉽게 움직일 준비가 되어 있는 것이다. 낭독하는 사람 역시 낭독을 시작하기에 앞서 이와 같은 스트레칭 단계를 거쳐야 좋은 목소리로 낭독을 할 수가 있다.
　　이러한 준비 과정을 거치지 않고 바로 낭독을 시작하면 결코 만족한 결과를 얻을 수가 없다. 낭독하기 전에 가볍게 일반적인 준비 운동을 하는 방법을 소개한다. 자신만의 고유한 준비 운동이 없는 사람들은 다음의 방법을 따라 해보기 바란다.

1. 일반적인 스트레칭으로 몸의 근육을 풀어준다.
- 양손을 깍지 끼워서 위로 쭉 뻗어서 천천히 우측으로 갔다가 좌측으로 간다. 3회 이상 반복한다.
- 어깨를 위로 올렸다가 힘없이 아래로 툭 떨어트린다.
- 허리를 굽혀 손을 뻗어 양 발끝에 닿도록 '굽혔다 폈다'를 반복한다.
- 허리 위의 상체를 왼쪽으로 돌려주고 오른쪽으로 돌려준다.

2. 목의 근육을 풀어준다.

머리를 시계 방향으로 돌려주고 반대 방향으로 실시한다. 힘을 빼고 머리를 좌우로 숙여 본다. 머리를 앞뒤로 숙여준다.

3. 어깨와 팔의 근육을 풀어준다.

어깨 근육을 앞뒤로 돌려준다. 다음으로 팔을 옆으로 편하게 벌려서 손을 빠르게 앞뒤로 흔든다.

4. 다리의 근육을 풀어준다.

일어서서 두 다리를 11자로 벌리고 발의 뒤꿈치를 들어 올려 다리의 근육을 풀어준다.

5. 턱 근육을 풀어준다.

"아, 이, 우, 에, 오" 하는 소리를 내며 턱을 상하좌우로 움직여

주자. 괘종소리 시침이 움직이는 것처럼 "똑 딱, 똑 딱" 소리를 내 보자. 복어 배처럼 입에 가득 공기를 넣어주고 "푸~우~" 뱉어내자. "부르르~" 하고 아이들이 입술을 떠는 것처럼 털어내자.

이러한 운동들은 전반적인 근육 상태를 향상시키며 낭독하기에 앞서 몸의 각 부분에 불필요한 긴장을 제거하기 위한 것이다. 운동을 마치고 나면 몸은 부드럽고 활동적으로 되어 낭독할 적절한 상태가 된다. 몸이 확실하게 낭독할 준비를 하도록 하는 것은 낭독자가 가져야 할 가장 좋은 습관 중의 하나이다.

좋은 낭독을 위하여 올바른 호흡법을 숙지하는 것이 시행착오를 줄이는 방법이다. 낭독하기 위해서는 호흡과 발성, 발음, 그리고 자세가 중요하다. 아무리 좋은 목소리를 가지고 있는 사람이라도 호흡법을 제대로 숙지하지 못하면 좋은 낭독을 할 수가 없다. 그만큼 호흡은 낭독의 50%를 차지한다고 해도 과언이 아니다.

숨을 들이마실 때 몸은 호흡이 원활하고 자연스럽게 폐로 주입된다.

1. 코로 숨을 들이마셔서 비강을 확보한다. 비강은 얼굴의 가운데, 코의 등 쪽에 있는 코안의 빈 곳을 말한다. 공기 속의 이물질

을 제거하는 작용을 한다. 몸속 깊숙이 호흡이 들어가는 것을 느낀다.

2. 하품을 하듯이 입안의 근육들을 움직인다. 이때 아래턱이 자연스럽게 벌어지고 입천장이 가볍게 당겨오며 목이 깊어지는 느낌이 있을 것이다. 공기가 쉽게 목구멍을 통과하여 폐로 들어가게 된다.

3. 혀가 아래로 내려가고 아래턱이 열리며 목구멍이 깊고 넓게 열린다. 호흡이 자연스럽게 지나가도록 모든 장애물을 제거하는 것이다. 상체를 숙이고 공기를 들이 마셔보면 확실히 느낄 수 있다.

숨을 들이마신 후 3초 정도 호흡을 정지하였다가 상방향 15° 각도로 "스~" 하고 소리를 내며 호흡을 내뱉는다. 이 동작에서는 입술이 닫혀 있기 때문에 호흡이 조금씩 나가므로 길게 호흡을 내보낼 수 있다. "아" 하고 소리를 내게 되면 입이 벌어져 있으므로 호흡이 금세 나가버려서 바람 빠진 풍선처럼 되어 버린다.

최대한 길게 내뿜을 수 있도록 훈련을 하는 연습이 필요하다. 횡격막과 복근을 이용하여 빠져나가는 호흡을 최대한 길게 내뱉는다. 즉 "아, 이, 우, 에, 오" 하는 소리를 최대한 길게 내려고 노력한다. 처음에는 오래가지 못하지만, 훈련을 통해 점점 길어지도록 한다.

낭독할 때는 호흡을 다 소비해서는 안 된다. 남아 있는 압력으로 호흡을 다시 완충하기가 쉽다. 이러한 일련의 과정을 통해 낭독할 때 자연스럽게 몸이 반응하도록 해야 한다. 지속적인 훈련을 통하여 의식이 무의식화되도록 습관을 들여야 한다.

호흡은 코와 입을 동시에 사용하여 가장 짧은 시간에 많은 공기가 몸속 깊숙이 들어가도록 한다. 호흡한 공기는 폐로 들어간다. 그러나 가슴과 복부를 구분하는 횡격막을 이용하여 폐를 잡아당김으로써 마치 공기가 옆구리까지 들어가는 것처럼 느껴져야 제대로 된 호흡을 하는 것이다. 복식호흡은 낭독하기 위한 필수 요소다. 평소에 복식호흡하는 것을 생활화하자.

제5부

낭독 독서 프로그램

독서 낭독이 답이다

　우리 선조들은 소리 내어 읽는 것이 오감을 자극하여 기억에 도움이 된다는 걸 진작부터 알고 이를 학문에 실천하고 있었다. 《천자문》과 《사서오경》, 《논어》, 《맹자》 등을 어려서부터 읽고 깨우쳐 활용하였다. 이를 반영하듯 김홍도가 그린 〈서당〉에는 학생들이 훈장님 앞에서 글을 읽고 있는 장면이 나온다. 그 시절에도 낭독이 일상화되었다는 사실을 짐작할 수 있다.

　낭독 독서는 기쁨과 즐거움을 준다. 행복을 선물로 받는 느낌이다. 목소리에 취해 시간 가는 줄도 모르고 낭독하게 된다. 하루에 5분, 10분 꾸준히 읽는 것도 중요하지만 성장을 위해서 30분 이상 읽기를 권하고 싶다. 그 이상 꾸준히 읽게 되면 잠겨있던 목소리가 어느 순간 터져 나와서 영롱한 목소리를 만들어낸다.

　우리의 뇌는 변화를 싫어해서 안전지대를 벗어나려고 하지 않는다. 무뎌진 곳일수록 기름칠해서 자극을 주어야 한다. 소리 내어 책을 읽으면 화학작용이 일어나 뇌에서 크고 작은 변화가 일어난다. 활성화된 뇌는 끊임없이 무엇인가를 발견하고 움직이기 시작한다. 낭독으로 가슴속 깊이 숨어 있는 감정을 끌어내어 보자.

우리의 뇌는 묵독보다 낭독을 원하고 있다. 책 자체도 읽지 않는데 나이 먹어서 쓸데없이 무슨 낭독을 하냐고 반문하는 사람도 있다. 심지어 낭독이 뭐냐고 묻는 사람도 있다.

준비되어 있지 않으면 기회가 와도 잡을 수가 없다. 팬데믹 시대! 코로나19의 영향으로 오디오 시장이 점점 커지고 있다. 비주얼도 중요하지만 오디오가 점점 중요해지고 있다. 다들 얼굴을 가꾸기 바쁘다. 비싼 돈을 들여 성형은 하면서도 목소리는 가꾸지 않는다. 목소리가 늙는다는 사실을 인지하지 못한다.

내가 운영하는 낭독 프로젝트는 30일, 60일, 90일, 연간 과정으로 운영된다. 낭독 후에는 낭독한 녹음 파일과 카드뉴스, 미소 셀카, 감사일기, 필사하기, 칭찬하기 등을 십시일강 오픈 카톡방과 십시일강 카페, 낭독모임 톡방에 공유하도록 한다. 성우들이 올린 녹음 파일을 듣고 따라 하기도 한다.

1기 90일 과정에서는 아침 시간에 낭독하는 것을 원칙으로 했다. 참여한 성우들은 모두 부지런하고 삶의 의욕이 가득했다. 배움의 열정이 넘쳐났다. 기수가 늘어나면서 자유로운 시간에 하는 성우들의 수도 점점 늘어났다. 각자 하루 중 집중할 수 있는 시간에 하도록 배려해 주었다.

평일 새벽 4시 40분에 새사모 새벽 습관 낭독챌린지를 진행한다. 낭독독서모임을 3년차 일요일날 6시에 운영하고 있다. 참여하는 사람들이 선호하는 시간이다. 낭독자격증 과정은 현재 3기가 매주 토요일 아침 6시에 진행을 하고 있다. 주중에는 본업을 하고 자투리 시간을 이용해서 미래를 준비하는 사람들이 참여한다. 자신의 목소리를 녹음해 소셜미디어에 공유하려는 독자들을 위해 내가 하고 있는 방법을 소개한다. 컴퓨터나 노트북에 오다시티 프로그램을 설치한다. 녹음에 앞서 글을 눈으로 먼저 읽는다. 소리 내어 읽어보고 녹음을 한다.

① 오다시티 프로그램을 이용해 《성경》 두 페이지를 녹음한다. 또는 책을 10분 내외로 짧게 낭독한다.

② 미리캔버스 사이트에서 섬네일을 무료로 만들 수 있다. 일부는 유료다.

③ 곰믹스 프로그램을 이용해 무료로 영상을 만들 수 있다. 무료만 사용해도 충분하다. 완성된 영상을 유튜브, 네이버 TV, 네이버 오디오 클립, 팟빵 등에 섬네일과 함께 업로드한다. 녹음파일 하나를 만들면 여러 SNS 계정에 업로드할 수 있다.

1년 넘게 팟빵에 올린 오디오 파일들이 어느 날 갑자기 사라졌다. 팟빵 사이트의 오류다. 일부는 복구가 되었지만, 링크를 클릭하면 연결이 안 되는 것을 보니 완전히 복구가 안 되었다. 유튜브도 삭제되었다가 복구된 경험이 있다. 그 뒤로는 네이버 오디오클립과 네이버카페, 유튜브 등에 공유해 놓는다. 만일의 경우를 대비해서 여러 채널에 업로드한다.

낭독 프로젝트 미션은 블로그와 필사 시간이 있다. 블로그는 기록을 남기기 위해 사용한다. 짧은 글과 사진을 넣고 임시 저장한다. 저녁 시간에 임시파일을 불러와 글쓰기를 한다. 아침에 낭독을 못 하면 저녁에 한다. 지정 도서로 30분에서 한 시간 정도 한다. 40여 분이 지나면 목소리가 트인다. 목소리가 변화되기 원한다면 최소 30분 이상 6개월간 매일 꾸준히 해보자. 장기간 살아온 목소리가 쉽게 바뀌지 않는다. 낭독 독서 모임 프로그램에 참여해서 변하지 않는 이유는 실천하지 않았기 때문이다.

필사를 하면 글쓰기 실력이 늘어난다. 낭독하고 나서 문장을 필사하는 시간이 있다. 필사를 하면 응용력과 표현력이 생긴다. 소근육 운동이 되어 치매 예방에도 좋다. 그래서 성우들에게 미션을 주었는데, 프로젝트에 참여하면서 필사를 끝까지 실천한 사람은 권원희 성우 한 사람 뿐이었다. 그녀는 말없이 미션을 수행했다. 그녀는 고용노동부 직업능력 개발 훈련 교사로서 평생직업교육원을 운영하는 경영 컨설턴트이다. 자기경영과 평생직업교육 전문인 강사로도

활동하고 있다. 부업으로는 제4차 산업혁명 시대에 인기 있는 세계
적인 공유경제 플랫폼 에어비앤비를 5년째 운영하며 연속 슈퍼호스
트로 인정받고 있다. 최선을 다하는 그녀의 모습에 매력을 느꼈다.
다른 성우들의 모범이 되었고, 나에게 강한 동기부여가 되었다.

아침의 뇌는 번뜩이는 지혜를 준다. 하루를 활기차게 시작할 수
있도록 에너지를 불어 넣어준다. 젊고 건강하게 사는 비결은 어렵지
않다. 소리 내어 읽으면 뇌가 젊어진다. 당신이 할 수 있는 시간에
목표를 정하고 하면 된다. 낭독은 당신을 일으켜 세우는 힘이다.

나의 내면을 치유하는 낭독 녹음하기

낭독 독서 모임을 매주 일요일 운영한다. 책을 읽고 느낀 점을 나누는 것은 타 독서 모임과 동일하다. 하지만 낭독 독서 모임은 주중에 책을 소리 내어 읽으면서 녹음하는 것으로 모임에 참여한다. 수강생들은 녹음한 음성 파일을 카톡 낭독모임 단톡방에 공유한다. 낭독 파일이 올라오면 서로 듣고 피드백도 해 준다. 출퇴근 시간, 가사 시간, 운전할 때. 산책할 때, 운동할 때 등을 이용해 들으면 좋다.

책을 읽으며 녹음하는 방법은 생각보다 쉽고 간단하다. 내가 사용하는 방법을 소개한다. 모바일 폰만 있으면 어디서나 녹음이 가능하다. 스마트폰에서 녹음하는 3가지 방법과 PC에서 녹음하는 방법이다. 아래 글을 녹음해 보자. 앞서 설명했듯이 먼저 눈으로 읽고 소리 내어 읽고 녹음하면서 읽는다.

긴 호흡으로 견디는 자가 승리한다.

눈으로 보는 세상이 다가 아니다.

살아 있다면 희망은 늘 존재한다.

추락이 아니라 착륙이다.

위기의 순간도 침착하게 극복하는 사장의 저력

지금 당장 사장 계획을 세워라.

목표만 잘 세워도 추진력이 샘솟는다.

위기를 새기며 하루를 시작하라.

힘들어도 결국 다 지나간다.

끝까지 살아남겠다는 마음이 진짜 리더십이다.

성공하는 사람은 유쾌함을 잃지 않는다.

과거의 부정적인 기억으로 현재를 망치지 마라.

사장은 물의 성질을 가져야 한다.

차원을 달리하면 고통은 내 것이 아니다.

〈사장으로 견딘다는 것, 최송목〉

첫째, 카톡의 5분 녹음 기능을 활용하자. 공유된 녹음 파일을 내려받지 않아도 손가락으로 터치만 하면 들을 수 있다. 카톡 채팅방의 하단에 있는 '+'를 누른다. 빨간 동그라미 모양을 눌러 녹음한다. 5분이 되면 멈춘다. 보내기를 클릭한다.

둘째, 스마트폰에 내장된 녹음 기능을 이용하는 방법이다. 음성 녹음 응용프로그램을 실행한다. 빨간 버튼을 누르면 녹음이 된다. 일시 정지는 동그라미 안에 세로선 2개 모양을 누른다. 일시 정지를 한 후 앞으로 이동해서 녹음하면 먼저 녹음한 파일이 지워진다. 마음에 들지 않으면 다시 녹음할 수 있다. 녹음을 끝내려면 작은 네모를 누른다. 녹음이 끝나면 파일명을 입력하라고 한다. '예) 단어나

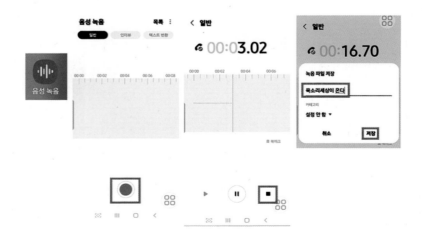

문장, 날짜 등을 입력하고 저장을 클릭한다.

셋째, 플레이스토어에서 앱을 내려받아 녹음하는 방법도 있다. '하이 큐'를 영어로 검색해야 한다. HI-Q MP3 REC앱은 10분 동안 무료로 사용할 수 있지만, 프로 버전을 사면 무제한으로 녹음할 수 있다.

넷째, '오다시티' 프로그램을 이용해서 녹음한다. 이 프로그램은 컴퓨터나 노트북에서 무료로 편리하게 사용할 수 있다. 네이버에서 '오다시티' 프로그램을 검색하여 설치한다. 빨강색 녹화 버튼을 누르고 녹음한다. 녹음이 끝 나면 네모 정지 버튼을 누 른다. 파일을 저장한다. 파 일〉내보내기〉MP3로 내보 내기를 클릭한다. 파일 이 름은 영문과 숫자로 이름을

적고 저장을 클릭한다. 팟빵에 업로드하려면 영문과 숫자 파일 이름 만 올릴 수 있다. MP3외 다른 파일로 내보내기 해도 된다.

미리 캔버스 프로그램으로 썸네일을 만든다. 곰믹스 프로그램으 로 썸네일과 녹음 파일을 불러온다. 두 개의 파일을 합쳐 동영상 파 일로 내보낸다. 만들어진 영상파일은 유튜브와 네이버TV, 오디오 클립 등에 업로드한다.

스마트폰에서 녹음한 오디오 파일을 카톡방에 공유하는 방법 이다.

① 음성 녹음 아이콘을 클릭한다.

② 목록을 누르면 녹음했던 파일 목록을 볼 수 있다. 클릭해서 들어볼 수도 있고, 파일명을 꾹 누르면 이동, 이름변경, 공유, 삭제, 더 보기 메뉴가 있다. 이름을 잘못 지정했다면 이름변경 을 클릭해 수정할 수 있다.

③ 공유하기 눌러서 카톡, 블로그, 인스타그램, 문자 등에 공유
한다.

④ 카톡방에서 녹음 파일 공유하는 방법은 화면 하단에 '+'를 클
릭한다. 파일을 선택한다. 상단에 이미지, 오디오, 동영상 메
뉴 중에 '오디오'를 클릭한다. 녹음한 파일을 찾아 클릭한다.

　세상에 하나뿐인 소중한 자신의 목소리를 찾아 낭독하면서 녹음
하자. 오디오 파일과 영상파일을 SNS에 꾸준히 올리다 보면 어느
순간 수익화를 실현하게 된다. 물론 단기간에 돈이 되지는 않는다.
장거리 마라톤 경주라 생각하고 자신의 지식과 경험이 수익화가 될
수 있도록 꾸준하게 실천하자. 자신의 목소리로 방구석에서 돈을 벌
기회는 지금뿐이다. 아름다운 자신의 목소리를 녹음해서 부가가치
를 창출할 수 있는 시대다. 비주얼 부담 없이 목소리만으로도 가능
하다. 밀리의 서재, 오디오 클립, 팟빵, 크몽, 탈잉 등 다양한 플랫폼
을 통해 나만의 콘텐츠를 생산하는 1인 기업가가 되어보자.

낭독을 기다리는 이 하루

김형숙

하루 종일 낭독 음성파일을 기다린다.

낭독 음성파일을 기다리는 이 하루

내 눈과 내 귀와 내 손은

카톡방에 낭독이 올라오길 기다린다.

낭독을 기다리는 동안

낭독자들의 얼굴이 스치고 지나간다.

새날 매일 기다리는 카톡방

카드뉴스 위에 낭독자들의 모습이 그려진다.

낭독을 기다리는

그 긴 기다림의 고요는

카톡 진동 소리에

눈이 먼저 반응한다.

낭독이 내 삶의 일부가 되어

가랑비에 젖듯 온몸에 젖어든다.

자기 사명 선언문 선포

21세기에는 누구나 '비전과 사명'을 가지고 있으면 위대하고 천부적인 잠재 능력을 최대한 발휘할 수 있다고 생각한다. 인터넷의 발달로 수천 년 동안 축적된 지식과 정보를 단 몇십 분이면 습득할 수 있다. 21세기에 살고 있다는 것은 우리 모두에게 행운이며 축복이다. 이런 시기에 자신이 어디로 가야 할지 모르고 있다면 자기 선언문을 작성해 보는 것이 좋다.

김형환 교수가 운영하는 1인기업 CEO 실전경영전략과정 교육 중에 사명문과 비전문을 작성하는 시간이 있다. 부끄럽게도 1인 기업 교육을 받기 전까지 나의 사명과 비전에 대해서 생각해 본 적이 없다. 낭독 프로그램에 적용하면 좋겠다는 생각이 스치고 지나갔다. 강의를 들으며 짧은 문장으로 된 선언문 10개를 만들어서 다음 달 개강 직후 바로 적용했다. 책을 읽기 전 자기 선언문을 낭독했다. 어느 날은 책 중간에 읽었다. 분위기에 따라서 책을 다 읽고 나서 마지막에 확언하기도 했다. 날마다 반복해서 읽으니 선언문만 봐도 자동으로 읽혀진다. 구절구절이 머릿속에 선명하게 남았다. 뇌는 말하는 대로 잠재의식에 저장해준다. 확신에 찬 말을 날마다 외치니 희망과 용기가 생겼다. 이루고 싶은 꿈을 입으로 시인하니 목표가 눈에 아른거린다.

자기 사명 선언문은 삶의 목적을 알게 해준다. '사명 선언문'을 낭독하면 마음이 설렌다. 책임감이 생긴다. 낭독 독서 모임 프로그램을 운영하면서 미션 중 하나로 낭독 선언문을 만들었다. 선언문을 낭독하면 선포한 대로 잠재의식 속에 뇌가 기억한다. 이러한 선언은 인생을 살아가면서 부딪치는 모든 문제를 현명하게 판단하고 결정할 수 있도록 도와준다. 방향을 가리키는 나침반이나 등대 역할을 해준다. 바쁜 현대인의 일상 속에서 망각하기 쉬운 그 가치들에 대해 다시 생각해 보고 소중한 가치들을 기준으로 삼아 모든 것을 생각하고 말하고 행동하게 하는 놀라운 힘을 발휘한다.

사명이 있는 사람은 꿈과 목표가 명확하다. 나는 낭독 독서 모임을 운영하면서 사명이 생겼다. 낭독하는 대한민국을 만들어보고 싶다는 큰 꿈을 꾸어 본다. 나로부터 시작한 낭독 프로그램에 온 국민이 참여하는 것을 꿈꾼다. 꿈과 목표가 있는 사람이라면 계획을 세우고 사명문을 만들어 선포해 보자. 꿈과 목표가 없다면 지금 만들어 보자.

　자기 사명 선언문을 하루아침에 완벽하게 작성하는 것은 불가능하니 먼저 생각나는 대로 일단 적어 보자. 처음에는 다른 사람의 것을 보고 벤치마킹해도 좋다. 블로그에서 검색해 자신에 맞게 구성하면 된다. 내가 어떻게 살고 싶고 어떤 사람으로 기억되고 싶은지에 대한 분명한 대답을 할 수 있을 때마다 하나씩 작성해 가면 된다. 자기 사명 선언문에 정답은 없다. 각자의 가치관과 삶의 방식에 따라 다양한 선언문을 만들 수 있다.

　삶의 목표가 있는가? 당신은 어떤 삶을 살아왔고 또 살고 있는가, 앞으로 어떤 삶을 살고 싶은가를 생각해 보자. 나의 장단점은 무엇인지, 자신이 좋아서 하고 싶은 일은 무엇인지, 삶을 사는 동안 후회 없이 신나게 할 수 있는 것은 무엇인지, 봉사와 섬기는 삶을 살고 싶은지, 행복한 삶을 살기 위해 해야 할 행동은 무엇인지 혼생의 시간을 가져보자. 일단 사명 선언문을 작성했다면 다른 사람들과 피드백을 하면서 수정하자.

　나 역시 카카오 오픈 톡방에 올라온 것을 보고 일단 카피했다. 그것을 토대로 며칠 동안 나에게 맞게 조금씩 변경했다. 그리고는 선언문 작성을 어려워하는 성우들에게 공유했다. 낭독 독서 모임 프로그램에 참여하는 성우들은 환경이나 여건, 목표, 꿈이 각자 다르다. 자기 스타일에 맞게 선언을 만들거나 변경해서 강의 시간에 낭독하도록 했더니 다들 좋아했다.

낭디꿈 김형숙의 긍정 선언문

● 오늘도 빛나는 나의 행복한 하루가 시작되었다.

● 나는 호감가는 목소리로 나와 이웃을 아름답게 만든다.

● 나는 하나님의 축복의 통로이며 소중한 존재다.

● 낭독하는 사람으로써 성공과 행복을 찾는 사람들에게 낭독과 디지털 도구를 이용하여 꿈을 찾도록 돕기 위해 존재한다.

● 나는 긍정적인 사고로 내가 원하는 꿈을 이룬다.

● 나는 즐겁게 주고, 풍요롭게 받는 행복한 100억 부자다.

● 나는 오늘 건강하고 있는 그대로의 나를 사랑한다.

● 나는 도전하고 배우는 것을 즐기며 실패를 두려워하지 않는다.

● 나는 꿈을 이루기에 충분한 역량과 주변이 좋은 기회로 넘쳐난다.

● 나는 사회에 공헌하는 삶과 나눔을 실천한다.

낭디꿈 선언문

오늘도 빛나는 나의 하루가 시작되었다.

나는 매력적인 목소리를 가진 낭디꿈 메신저 김형숙이다.

나는 하나님의 축복의 통로이며 소중한 존재다

낭독은 내가 원하는 모든 선한 꿈을 이루도록 돕는다.

나의 사명은 낭독으로 행복한 나와 이웃을 만드는 것이다.

나는 아름다운 목소리로 책 읽는 문화를 만들어가는 선구자다.

이렇게 긍정적인 선언문을 만들어 선포하면 삶이 달라진다. 선언문을 스마트폰에 저장하고, 지갑 속, 집안과 사무실 곳곳에 붙여놓고 아침, 저녁으로 낭독해 보자.

긍정적인 암시는 좋은 결과를 가져온다. 잠재의식 속에 세팅이 되어 꿈의 실현 속도가 가속화된다. 자신에게 확신을 심어주는 일은 성장을 위해 무엇보다 중요하다.

밝은 미소가 목소리를 바꾼다

밝은 미소가 사람의 기분을 좋게 한다. 미소는 소리 없이 빙긋이 웃는 웃음을 말한다. 성우들의 해맑은 미소 속에 사랑이 있다. 행복이 묻어난다. 얼굴에 활짝 웃음꽃이 피어나면 해피 바이러스가 전염

된다. 나는 이순구 화가의 웃음꽃 핀 사진들을 좋아한다. 바라만 봐도 입가에 미소가 번진다.

인상이 좋으면 목소리도 바뀐다. 낭독 독서 모임에서 미소 셀카를 촬영해 공유하는 미션이 있다. 카톡 단톡방에 성우들의 해바라기꽃들이 피어난다. 해맑게 웃는 미소가 생글생글한 목소리를 만든다.

낭독 독서 모임 프로그램을 운영하면서 작은 습관이 하나 생겼다. 새벽에 일어나서 스마일 셀카를 찍는 일이다. 별도로 치장하지 않고 스마트폰으로 촬영한다. 이렇게 용감한 이유는 스마트폰 어플리케이션을 사용하기 때문이다. 앱을 사용하면 얼굴이 뽀송뽀송하고 하얗게 나와서 굳이 화장을 안 해도 예쁘다. 미백과 잡티 제거, 색조 화장까지 시켜준다. 얼굴을 아름답게 촬영해 주는 다양한 스마트폰 앱으로 셀카를 찍으니 예뻐 보여서 자신감이 생긴다.

낭독을 시작하기 전까지 나는 차가워 보인다는 소리를 많이 들었다. 매일 스마일 셀카를 촬영하면서 부드러운 얼굴 형태로 변해가고 있다.

사업가라면 웃는 얼굴이 중요한 역할을 해 준다. 밝은 미소가 큰 거래를 성사시킬 수도 있다.

나는 왜 첫인상과 내면의 내가 이렇게 다른 걸까?

왜 차갑게 보이는 걸까?

그렇다면 어떻게 해야 좋은 인상을 줄 수 있을까?

나의 내면을 정확하게 표현하고 브랜딩하기 위해서 밝은 표정을 만드는 연습을 하기로 했다.

먼저 표정을 바꾸기로 했다. 표정을 바꾸면 인상이 좋아지고 목소리도 따라서 좋아진다. '지속해서 나를 미소 짓게 만드는 좋은 방법이 없을까?' 하고 궁리하다가 스마일 셀카를 매일 찍기로 했다.

스마트폰에 〈미소 셀카 앱〉을 다운받아 설치해서 촬영하는 연습을 했다. 플레이스토어에서 〈스노우〉, 〈유라이크〉, 〈B12〉 등 다양한 앱이 있으니 다운받아 사용하면 좋다.

처음 촬영할 때에는 바라보는 사람이 없는데도 창피하고 쑥스러웠다. 혼자 촬영해도 민망했다. 하지만 셀카를 연습해서 내 모습을 예쁘게 찍어 보여주고 싶은데 나의 아름다운 모습을 봐줄 사람이 필요했다. 낭독 프로젝트에 미션을 접목하면 좋겠다는 생각이 들어서 날마다 미소 셀카를 촬영해서 단톡방에 공유하자고 제의했다. 처음에는 성우들이 어색해하며 하고 싶지 않다는 표정을 지었다.

"강사님! 미소 셀카 안 하면 안 돼요?"

"어색하고 민망해서요."

"꼭 해야 하는 건가요?"

"저 역시 어색해요."

새벽에 일어나 맨얼굴을 찍어 공유하는 일은 쑥스러운 일이다. 요즘은 낮에 자유롭게 찍어서 공유한다. 꾸미지 않고 사진을 찍어서 공유한다는 것은 생각도 못 해본 일이다. 하지만 리더가 모범을 보여야 했다. 처음 스마트폰 렌즈 속에 비추어진 나의 모습이 정말 민망했다. 그래도 용기 내어 활짝 웃고 있는 내 얼굴을 촬영했다. 몇 번을 반복 촬영한 후에 단톡방에 공유하면서도 내심 부끄러웠다.

미소 셀카는 새벽에 일어나 화면 속의 주인공과 눈빛이 마주치는 순간이다. 스마트폰 화면의 촬영 버튼을 누르거나 손바닥을 화면에 내밀면 자동인식 되어 3초 안에 촬영이 된다. 어딘가 표정이 어색하고 예쁘지 않으면 재촬영해서 공유한다. 낭디꿈 프로그램에서 빼놓을 수 없는 것이 바로 미소 셀카 촬영이다.

모임에 참여하는 성우들이 처음에는 미션 수행하기를 꺼렸지만, 시간이 흐르면서 자신의 얼굴에 미소가 번지는 것을 보고 흐뭇해했다. 얼굴이 예쁘게 변하는 것을 보고 좋아했다.

외근이 많아 피로가 쌓여서 유난히 힘든 날이 있다. 직장 상사와 트러블이 발생해 화가 난 적이 있다. 일이 잘 풀리지 않아 다운되는 날이 있다. 그 순간 스마트폰을 열어 카톡방을 보았다. 성우들이 공유한 미소 셀카를 보니 신기하게 위로가 되었다. 밝게 미소 지으며 웃고 있는 얼굴을 보며 나도 모르게 미소가 지어졌다. 스마일 셀카는 삶의 활력소가 되어 주었다. 성우들은 어쩜 그렇게 환하게 잘 웃는지 나의 마음이 스르륵 풀렸다.

점심시간에 회사 근처에 사는 정성희 대표를 만났다.

"김 대표님은 웃는 모습이 참 예뻐요. 그 비결이 무엇인가요?"

"하하. 감사합니다. 낭독 프로그램에서 셀카를 날마다 촬영해서 그런가 봅니다."

차가운 사감 선생님으로 보였던 내가 날마다 미소를 지으며 사진을 찍으니 웃는 모습이 예뻐 보인다고 했다. 예쁘다고 하니 기분이 좋았다. 정 대표에게 독서 낭독 모임을 같이 하자고 제의했다.

"지금은 책 퇴고하느라고 바빠요. 좀 한가해지면 할게요."

퇴고하느라 정신이 집중되어 있어 마음이 분주해 보였다. 그런데도 점심시간에 잠깐 보자고 하면 얼른 나와 주었다. 한 시간 점심시간은 둘 사이를 질투라도 하듯이 순식간에 흘러갔다. 공원에서 조금 더 여유있게 이야기하고 싶었지만, 아쉬움을 뒤로한 채 먼저 내려와야 해서 미안했다. 정 대표는 유튜브 강의를 하면서 만나게 된 수강생이다. 현재 다꿈정별 유튜브를 운영하고 있다.

낭독 프로그램을 진행하면서 문득 생각나는 사람이 있어 전화했다.

"안녕하세요? 잘 지내고 있어요?"

"네⋯⋯. 저 많이 힘들어요⋯⋯."

힘이 쭉 빠진 목소리였다.

"무슨 일 있어요?"

"아⋯⋯. 말하기는 좀 그래요."

"낭독 프로그램 운영하고 있는데 같이 하실래요?"

"제가요?"

"네. 같이하면 좋겠어요."

"뭐, 어떻게 해야 하는데요?"

그렇게 C 성우가 낭독 독서 모임에 참여하게 되었다. 낭독을 처음 시작할 때 얼굴에 수심이 가득해 보였다. 곧 무슨 일이 일어날 것 같은 표정이었다.

'무슨 문제가 있는 걸까? 왜 표정이 어둡지?'

C 성우는 낭독 프로그램을 하면서 미소 셀카를 찍어 공유했다. 미소 셀카를 찍고 처음 공유한 사진은 맥이 뛰지 않는 시체처럼 보였다. 얼굴이 하얗고 콩콩 뛰는 한여름 밤의 공포 영화에 나오는 강시처럼 보였다. 매일 찍어서 올리는 셀카는 어느덧 빛을 발했다. 점점 온화한 미소로 핏기가 돌며 얼굴에 웃음꽃이 가득히 번져 나갔다.

어느 날 반가운 메시지가 왔다.

"참 좋은 하루예요~~. 남편과 성숙한 대화를 나눴어요. 낭독이 더욱 즐거워져요~~."

기쁜 소식을 전해 들을 수 있어 감사했다. 소리 내어 읽는 책은 사람의 마음을 치유해 주는 효과가 있다.

미소 셀카 미션을 하면서 성우들의 표정이 처음보다 확연히 달라지는 것을 보았다. 처음에 수심 가득한 성우도 반복해서 촬영하니 예뻐 보였다. 성우들은 미소 셀카가 올라오면 '예쁘다', '아름답다', '모델 같다', '매력적이다' 등의 문구로 칭찬을 아끼지 않았다. 긍정적인 기운을 서로 나누려고 일대일로 짝꿍을 칭찬하게 했더니 효과가 배로 나타났다.

정순 성우는 새벽 5시에 일어났다. 물기가 촉촉하게 젖어 있는 채로 사진을 찍어서 활짝 웃는 얼굴을 공유한다. 그 밝은 미소의 얼굴을 떠올리니 자다가도 벌떡 일어나졌다. 6시에 겨우 일어나던 나를 자극한 성우이다. 자연스럽게 나의 기상 시간도 5시가 되었다.

셀카를 자꾸 찍다 보면 예쁜 표정을 짓게 된다. 얼짱각도는 스마트폰을 45도로 높이 들고 고개를 숙인 후(하방 15도 위에서 아래로 내려다보는 각도) 눈을 살짝 치켜뜨면 귀엽게 보인다. 이렇게 촬영하면 눈은 더 커 보이고 턱선이 갸름해 보이는 효과를 얻을 수 있다. 키가 크고 얼굴이 작게 나오려면 촬영 대상보다 낮은 쪽에서 찍는다. 여성이나 아이를 찍을 때는 자세를 낮춰 찍기를 추천한다.

인물 배경은 인물 뒷배경을 포커스 아웃시키면 인물에 시선이 집중된다. 카메라 모드에서 라이브 포커스 또는 인물사진을 선택하여 촬영한다. 자연스러운 표정과 자세가 중요하다. 고개를 살짝 옆으로 돌려 찍어도 좋다. 아름다운 미소와 예쁜 표정으로 카메라에 담아보자. 셀카는 자신감을 상승시킨다.

나만의 개성이 살아있는 배경 사진 촬영

스마트폰 카메라로 사진 잘 찍는 방법이다. 먼저 렌즈를 부드러운 천으로 깨끗이 닦는다. 흔들림이 없도록 양손으로 잡고 촬영한다.

가로 파지법

스마트폰을 오른손 검지와 새끼손가락으로 감싸고, 엄지손가락으로 촬영 버튼을 누른다. 왼손은 카메라 렌즈를 가리지 않게 자연스럽게 잡아준다.

세로 파지법

스마트폰을 왼손바닥에 올려 감싼 다음 오른손 네 손가락으로 왼손을 감싸고 엄지손가락으로 촬영 버튼을 누른다.

- 핑거 그립톡을 이용하면 편리하다.
- 카메라 설정에서 안내선(그리드)을 켠다.

- 피사체 가까이에서 찍는다.
- 초점과 밝기를 조절한다.
- 최대한 밝은 곳에서 빛을 이용해 찍는다
- 미니 삼각대를 사용한다.
- 플래시 사용은 자제한다.

멋진 배경 사진을 촬영하는 일은 또 하나의 즐거움이다. 사진을 찍는 것은 유쾌하고 재밌는 일이며 내가 간직하고 싶은 것을 담을 수 있는 좋은 방법이다. 자신이 살아있음을 표현할 수 있는 도구이다. 소리 내어 책을 읽고 카드뉴스를 만들기 위해 배경 사진을 촬영한다. 좋은 문구나 명언, 시, 기억하고 싶은 문장을 예쁜 그림 카드 위에 기록하기 위해서다.

낭독 프로그램 미션 중의 한 가지다. 배경 사진을 촬영해서 카메라에 담아 공유하는 것이다. 낭독을 기분 좋게 하고 끝냈으면 무엇을 해야 할까? 기억해야 할 문장을 그림 카드에 담아서 만들어 공유한다. 그림 카드 배경이 아름다우면 눈길과 손길이 한 번 더 가게 된다. 디지털 세상에 공유하면 사람들의 이목이 쏠린다. 기억해야 할 문구와 사진이 함께 배달된다.

세계에서 하나뿐인 배경 사진을 촬영하자. 예쁘고 신기한 풍경을 발견하면 카메라에 담고 싶은 열망이 한 번쯤 있을 것이다. 세상의 아름다운 모습을 작은 렌즈에 담아 추억을 공유하자. 시간의 흐름을 저장하자. 사진은 그날의 시간을 고스란히 담아내 한 장의 추억 속으로 저장해 주는 역할을 한다. 낭독 프로그램에서는 배경 사진을 직접 촬영해야 한다. 그 이유는 세상에서 둘도 아니고 하나뿐인 나만의 카드뉴스를 만들 수 있기 때문이다.

"인터넷에서 사진 가져다가 카드뉴스 만들면 되는데 굳이 직접 촬영을 해야 하나요?"

이렇게 묻는 사람도 있다. 평소에 사진 촬영하는 것을 좋아하지 않는 사람이다.

"저작권 걱정 없이 마음대로 사용할 수 있습니다. 세상에서 하나뿐인 나만의 카드뉴스를 만듭니다. 사진 촬영하는 기술도 점점 발전합니다. 여행작가가 될 수 있고 사진 전시회도 할 수 있습니다."라고 대답한다.

사진 촬영에 관심이 없는 성우들은 불만을 토로한다. 사진 찍는 것이 익숙하지 않아서 처음에는 거부하는 사람도 있다. 한두 번 예쁜 것을 카메라에 담다가 보면 점점 흥미를 느끼게 된다. 촬영하는 것이 좋다며 자주 사진을 공유하는 성우들도 있다. 처음에 어떤 것을 시도하려면 겁이 먼저 난다. 낯설고 어색해서 싫어하는 사람도 있다. 반면에 예쁜 것을 보면 찍지 못해 안달하는 나와 같은 사람도 있다. 카메라 셔터를 누르는 쾌감을 알까? 작은 렌즈 속에 담기는 세상의 경이로움에 탄복할 때가 있다. 배경 사진 촬영하는 것을 어렵게 생각했던 성우들은 이제 촬영을 즐기는 사람이 되었다. 좋은 장소에 갔을 때 한 번에 많이 찍어서 카드뉴스로 사용하면 좋다.

비주얼 좋은 사진을 찍으려고 고급 식당이나 카페를 찾아갈 필요는 없다. 주변에서 찾아보자. 식당에 가면 맛깔스러운 메뉴가 나온다. 다른 사람은 젓가락을 들어 맛을 음미하려 한다. 나는 배가 고파도 먼저 스마트폰으로 먹음직한 음식을 촬영한다. 한 상 차려진 테이블과 주변 환경도 예쁘게 찍어서 스마트폰에 담아둔다. 카카오톡 단톡방이나 SNS에 공유하기도 한다. 만나는 사람 중에는 음식을 찍는다고 카메라를 들이대면 싫어하는 사람도 있다. 처음 만나는 사람이라면 양해를 구하는 것이 좋다.

"야, 그만 좀 해. 너는 왜 매일 어디 가면 사진을 찍냐? 지겹지도 않냐?"

예나가 말했다. 지겨우면 하겠는가. 사진 촬영하는 일이 즐겁다. 빨리 찍어서 누군가에게 정보를 공유해 주어야 마음이 편하다. 혼자만 보는 것은 유쾌하지 않다.

짝꿍은 어딜 가든 사진부터 촬영하는 나를 못마땅하게 여겼다. 다른 사람 눈치도 보이고 시간이 지체되어 좋아하지 않았다. "그만 좀 해"라고 말했을 때 그만두지 않고 하길 잘했다. 짝꿍이 하는 말이 신경쓰여서 포기했다면 나는 내가 좋아하는 일을 할 수 없었을 것이다. 산책할 때 지금은 사진과 동영상을 찍으면 말없이 기다려준다. 자신도 사진을 찍거나 영상을 촬영해서 가족 카톡방에 공유해준다. 짝꿍에게 엄청난 변화가 일어난 것이다. 마음을 담아 찍은 사진을 카드뉴스 배경으로 이용한다.

서울 용마산 둘레길에 북카페가 있다. 짝꿍과 산책할 때 그곳에서 낭독하는 영상을 촬영한 적이 있다. 얼마 지나서 그곳을 지나쳐 가는데 짝꿍이 먼저 "낭독하고 가야지."라고 말해서 깜짝 놀랐다. 주변 사람이 반대하더라도 참고 견디면 내 편이 된다는 사실을 알았다.

배경 사진 촬영은 나를 흥분하게 만든다. 사진 촬영에 익숙하지 않은 성우들은 낭독 프로그램에 참여하면서 서서히 농이 익어간다. 예쁜 사진을 찍기 위해 호기심과 관심이 커진다. 어느덧 사진 찍는 것이 습관이 되어 눈에 보이는 모든 것을 작은 렌즈에 담는것이 즐겁다고 했다.

배경사진을 직접 촬영하면 세상에서 하나뿐인 나만의 작품이 되는 것이다. 같은 공간에서 똑같은 피사체를 찍더라도 방향과 조명에 따라 다르게 찍힌다. 새로운 곳을 가거나 흥미로운 것을 발견하면 카메라에 담기 위해 손이 먼저 반응한다. 스마트폰을 들고 촬영하면서 '찰칵' 찍는 소리에 희열을 느끼는 나를 발견하게 된다.

성우들은 처음에 배경 사진 촬영해서 공유하라고 했더니 부담을 가졌다. 사진을 전문가처럼 찍어야 하는 줄 알고 경직이 되었다.

"저는 사진을 잘 못 찍는데 어떻게 찍어야 돼요?"

"보여주고 싶은 것, 추억에 담고 싶은 것을 편하게 촬영하면 됩니다."

자연스럽게 사진을 찍으라고 해도 약간의 부담을 갖고 출발한다. 시간이 지나면서 촬영하는 재미에 빠져 좋아한다. 사진에 관심이 없던 사람들도 흥미와 호기심을 갖게 된다.

처음에 성우들은 배경 사진을 촬영하고 카톡 단톡방에 공유하지 않았다. 서로가 눈치 전쟁을 한바탕 치른 후 한 사람이 올리면 따라서 올렸다. 하루, 이틀, 며칠 지나면서 예쁜 것을 촬영하고 멋진 풍경을 담은 사진을 공유해 주었다.

사진은 자신의 마음을 담을 수 있는 포켓이다. 음식, 건축물, 풍경, 소품, 꽃, 나무, 들판, 사물 등 자유롭게 촬영해서 공유한다. 일상 속에서 피사체와 마주하는 순간을 카메라에 담는다. 팬데믹 시대, 코로나19로 인해 낭독하는 성우들은 서울, 제주도, 울산, 통영, 부산, 대전, 인천, 대구, 전주 등 전국에서 참여했다. 각 지역의 날씨와 자연, 풍경, 환경, 음식 등을 보는 것만으로도 눈이 호강함을 느꼈다.

사진을 자주 찍다 보면 조금씩 전문가의 실력을 갖추어 가기도 한다. 처음에는 억지로 촬영하게 된 것이 취미가 되어 즐겁게 촬영하는 것을 볼 수 있다. 촬영은 일상 속의 즐거움이 되고 피사체를 바라보며 행복이 묻어난다. 나는 어디를 가든 추억을 담아내려고 스마트폰 카메라 촬영 버튼을 누른다. 셔터를 누르는 순간 사진은 온전한 나의 것이 된다. 눈에 보이는 대로 카메라에 담으면 작품이 되고 소중한 자신만의 것으로 간직할 수 있다. 배경 사진을 찍고 찍히는 순간을 경험하면서 여행 작가로의 꿈을 꾸어보는 것은 어떨까?

배경 사진이 단톡방에 공유되면 그것을 본 성우들은 자기만의 색깔로 표현을 해준다. 같은 사진을 보고 서로 느끼는 감정이 다르다. '그곳에 가고 싶다. 예쁘다. 아름답다. 시원해 보인다. 맛있겠다.' 등 답글이 달린다. 자신이 올린 글에 누군가 반응을 해주니 힘을 받는다. 더 예쁜 것을 카메라에 담아 공유하려는 마음이 생긴다.

가볍고 사용이 편리한 스마트폰 하나만 있으면 당신도 멋진 작가로 거듭날 수 있다. 자주 촬영하다 보면 나만의 방법과 요령이 생긴다. 피사체를 촬영하는 작은 습관으로 삶의 흥을 돋을 수 있다. 낯선 장소, 익숙하지 않은 것을 보면 찰칵하고 스마트폰 카메라에 담아보도록 하자.

담벼락에 핀 노란 민들레와 시선을 마주친 적이 있다. 시멘트 틈새 속에서 어떻게 예쁜 꽃이 피었을까? 혼자서 차갑고 단단한 곳에서 친구 없이 외롭게 지내느라 얼마나 힘이 들까? 생각해 본 적이 있다. 작고 귀여운 노란 민들레는 나의 걱정과 상관없이 어린아이처럼 해맑게 웃으며 반겨주었다. 그 모습에 반해 카메라 셔터를 누른 적이 있다. 시선이 머무는 곳에 마음을 담는다. 정취를 담는다. 사랑을 담는다.

누군가를 만나면 만남을 기억하기 위해서, 선물을 받으면 그 사람을 잊지 않기 위해서 카메라에 담아두었다가 카드뉴스를 만든다. 낭독하고 배경 사진을 찍으면서 사진작가의 삶도 꿈꾸어 본다. 스마트폰에 담아내는 배경 사진을 이용하여 자신만의 세상으로 노를 저어서 풍요로운 항해를 했으면 좋겠다. 기억하고 싶은 책 속 문장을 담기 위해 직접 촬영한 배경 사진은 세상에 단 하나뿐인 나만의 걸작품이 된다.

세상에서 하나뿐인 카드뉴스 만들기

　　카드뉴스는 전달할 메시지를 요약해서 보는 사람의 마음을 훔친다. 텍스트로만 이루어진 사진보다 예쁜 배경 그림이 첨부된 카드뉴스가 시선을 사로잡는다. 제작한 사람의 손길과 마음과 생각이 담긴 그림으로, 그림 카드라고도 한다.

　　카드뉴스는 소비자에게 직관적이고 효율적으로 정보를 전달하기 위해 많은 사람이 만들어서 사용한다. 개인뿐만 아니라 기업들도 짧고 굵게 자신들의 메시지를 카드뉴스에 담아 전달한다. 예쁘고 화려한 이미지에 강렬한 멘트를 넣어 카드뉴스를 만들면 사람들의 시선을 끌게 된다. 광고나 홍보, 커리큘럼, 생일 카드 등으로 사용한다. 카드뉴스를 소셜 미디어에 공유해서 나의 브랜드를 알려줄 때 사용하면 좋다.

　　카드뉴스는 예쁜 배경 위에 나만의 집을 짓는 일이다. 낭독하고 나서 기억하고 싶은 짧은 문장을 담는 그릇이다. 책 속 문장을 적어서 공유하면 눈에 쉽게 띄면서 전달력이 좋다. 그림 카드는 시선을 집중하게 하고 메시지만 전달하는 것에 비해 효과적인 피드백이 온다.

낭독하면서 노란 색연필로 기억해야 할 문장에 밑줄을 긋는다. 기억하고 싶은 문구가 있으면 우측 페이지에 귀접기를 해놓는다. 책의 내용에 따라서 실행해야 할 문구가 여러 개 있지만, 그중에 한 문장만 선택해서 카드뉴스를 만든다. 직접 촬영한 배경 사진 위에 책에서 적용할 문장을 찾아서 카드뉴스를 만든다. 소리 내어 책을 읽은 후에 세상에서 하나뿐인 나만의 카드를 완성할 수 있다. 기억하고 싶은 문장이 많을 때는 무엇을 넣을지 고민도 한다. 책을 읽고 간직하고 싶은 한 문장을 찾아내는 것은 보석을 캐내는 것과 같다. 내 마음속에 꽂힌 보석 같은 텍스트를 담은 카드뉴스를 카톡방에 공유한다. 세상에 자신을 브랜딩하기 위해 카드뉴스를 이용하면 좋다. 책의 내용에 따라 여러 개 만들고 싶을 때는 여러 개 만들어서 공유하면 된다.

H 성우가 말했다.

"언제나 미소로 이렇게 예쁘게 웃으며 카드뉴스로 인사해요. 책을 읽으면서 녹음하는데요. 목소리에 자신감이 생기고, 예전에는 말을 잘 못했었는데 이제는 제 의견도 이야기하고 낭독하면서 자존감도 높아졌답니다."

2022년 3월에 십시일강 카톡방에서 카드뉴스 강의를 들은 짝꿍은 아침마다 카드뉴스를 만들어서 가족 톡방에 꾸준히 공유하고 있다. 문장의 끝부분에는 같은 말이 반복된다.

"~중략~ 사랑스럽고 예쁜 내 색시, 멋지고도 영리한 내 아들 파이팅! 사랑한다!"

컴맹인 사람이 카드뉴스를 만들어 매일 배달해 주니 놀라운 변화이다. 긍정의 말, 예쁜 말의 씨앗을 담아 아침마다 카드뉴스를 배달해 준다. 가정이 평화롭고 화목하다. 이 글을 읽는 독자도 마음을 표현하는 사랑의 카드뉴스를 만들어서 가족 톡방에, 함께하는 모임방에 공유해 보길 바란다. 자신을 위해 용기와 희망을 주는 행복 메시지를 담아 서로에게 보내 주면 정감있는 공동체가 형성된다.

소리 내어 책을 읽고 카드뉴스를 만들어보자. 카카오톡 단톡방을 보면 아침에 이모티콘이나 '좋은 아침입니다'하고 문자가 와 있다. 낭독 특공대 독서 모임 카톡방은 책을 읽은 내용으로 카드뉴스를 만들어서 아침 인사를 대신한다. 여러분도 낭독하고 세상에서 하나뿐인 나만의 카드뉴스를 만들어서 공유해 보자. 소소한 행복이 묻어난다. 책을 읽고 카드뉴스를 만들어 카톡방에 공유하는 낭독 독서 모임을 최초로 시도했다.

　스마트폰으로 카드뉴스를 쉽게 만들 수 있는 애플리케이션으로는 글그램, 타임스탬프, 글씨팡팡, 갤러리 사진, 사진편집, 캔바 등이 있다. 여기서 날짜와 시간, 서명이 표시되는 앱은 글그램과 타임스탬프다. 타임스탬프 앱은 저장해 놓은 사진을 불러올 수 없고 즉석에서 찍어 사용해야 한다. 유료는 저장된 사진을 불러와 사용할 수 있다. 반면 글그램 앱은 저장해 놓은 사진을 불러와서 만들 수 있다. 이 책에서는 글그램 앱으로 카드뉴스 만드는 방법을 소개한다. 먼저 플레이 스토어에서 '글그램' 앱을 검색해 설치한다. 글그램 앱은 서명과

날짜, 시간을 넣을 수 있다. 한번 표시해 놓으면 서명과 날짜는 자동으로 불러오고 언제 만들었는지 날짜와 시간이 표시된다.

다음은 글그램으로 카드뉴스 만드는 순서다.

1. 글그램 설치가 끝났으면 앱을 연다.
2. 내 사진에 글쓰기를 클릭한다.
3. 사진 한 장을 선택한다.
4. 사진 비율을 선택한다. 회전이나 크기조절이 가능하다. 상단의 ✓를 누른다.
5. '터치하여 글자를 입력하세요'를 클릭하여 글자를 입력하고 상단의 ✓를 누른다. 글자 위치 이동이 가능하다.
6. 글자의 위치를 변경할 수 있다.

7. 스타일을 클릭해 배경을 어둡게 하거나 밝게 조절할수 있다.

8. 글꼴과 글자색을 변경해 준다.

9. 하단의 메뉴를 좌측으로 밀어 서명을 선택하고 클릭한다. 서명을 입력하고, 뒤로가기를 누른다.

10. 날짜를 클릭해 사용하기를 클릭한다. 날짜와 시간설정을 할 수 있다.

11. 저장을 누른다. 스마트폰에 저장하거나 SNS에 공유한다.

　나는 낭독 독서 모임이나 자격증반 오리엔테이션 시간에 카드뉴스 만드는 방법을 설명해 준다. 사용 방법은 간단하지만 처음 해보는 분들에게는 낯설고 어려울 수 있다. 온라인 강의 시간에 이해를 못하면 동영상으로 녹화해서 링크를 공유해 주었다. 그래도 어려워하는 분들께는 대면으로 만나서 설명을 해 주었다. 온라인 수업은 대면 수업과 달리 상대방의 화면을 직접 보고 설명해 주기가 쉽지 않다.

카드뉴스 만드는 방법을 유난히 어려워하는 성우가 있었다. 11시에 Y 성우와 신림역 근처에서 만났다. 카드뉴스 만드는 것을 차분하게 반복해서 설명해 주었다. 이해가 안 되는 표정이었다. 메모지가 없어서 냅킨에 만드는 방법을 순서대로 적어 주었다. 녹음해서 공유하는 방법까지 자세하게 메모해 주었다. 특별한 만남을 기억하기 위해 정성희 작가의 《환갑엔 유튜브 잔치》 책을 선물했다. 나이가 60대보다 동안으로 보였고 책을 선물 받고 좋아하는 표정이 어린아이와 같이 귀여웠다. 배움에는 끝이 없고 왕도도 없다. 부끄러워하지 않고 배움의 열정으로 나를 만난 마음이 예뻤다. 포근한 마음을 준 Y 성우에게 고마움을 전한다. 배우려고 노력하는 사람만이 성공한다.

"존경하는 김형숙 대표님! '아무도 당신이 배워야 할 것이 무엇인지 알려줄 수 있는 사람은 없다. 그것을 발견하는 것은 당신만의 여행이다.'라는 글귀가 마음에 와닿네요. 제가 여기서 손을 놓으면 앞으로 내가 무엇을 할 수 있을까? 하는 생각? 다른 성우님들은 너무 잘하시고~ 전 모르는 게 너무 많고 버벅거리고요. 책에 나오는 영어 철자도 몰라서 버벅거리고요. 하고는 싶은데 이러는 저 자신이 싫어요."

Y 성우가 카톡으로 메시지를 전했다. 글을 보는 순간 마음이 먹

먹했다. 낭독 프로그램에 참여해서 잘하고 싶은데 안 되는 자기 자신을 질책하고 있는 모습을 상상하니 마음이 아팠다.

"김형숙 대표님! 다정다감하신 대표님 고맙습니다. 포기만 하지 않으면 저도 변화가 있겠지요~"

뒤이어 메시지가 왔다. 포기만 하지 않으면 변화가 일어난다. 포기는 배추 셀 때나 사용하자. 내 삶을 포기하지 않으면 원하는 것을 성취할 수 있다고 확신한다.

카드뉴스는 짧은 메시지를 강하게 전달하는 힘을 가지고 있다. 낭독해서 기억하고 싶은 문장을 카드뉴스에 담아 SNS에 공유해 보자. 세상에 하나뿐인 나만의 카드뉴스로 나를 세상에 알리는 일에 적극적으로 활용하기 바란다.

행복을 부르는 감사 일기 쓰기

"감사는 모든 미덕의 어머니요, 인간의 으뜸가는 의무다."

키케로

감사의 중요성을 말해 주는 명언이다. 감사는 고마움을 나타내는 인사다. 감사는 축복받는 비결이고 더 많은 것을 가질 수 있도록 하는 다리 역할을 한다. 작은 감사는 큰 감사를 부르는 행운의 종소리다. 작은 감사는 더 큰 감사를 부르고 나의 영혼을 기쁘게 한다. 감사 일기는 삶을 풍요롭게 하고 긍정적인 마음을 갖게 해서 하는 일마다 잘 풀리게 한다.

사소한 것에서부터 특별한 것까지 감사 거리는 넘쳐난다. 감사할 거리가 없어서 고민하는 사람이 있다면 오늘 아침 건강하게 눈을 뜰 수 있었던 것부터 감사하자. 나는 매 순간 감사함을 느끼고 산다. 키보드를 두드려서 책을 쓰고 있는 이 순간이 감사하고 건강한 손으로 타이핑 할 수 있어 감사하다. 눈으로 화면을 볼 수 있는 것에 감사하고 앉아서 생각할 수 있는 것에 감사하다.

감사한 일을 기록하면 놀랍게도 더 큰 감사할 일이 생기는 것을 알 수 있다. 감사 일기 쓰는 습관을 오늘부터 가져 보자. 감사하다는 표현에 인색한 사람이 있다. 반면에 수시로 감사하다고 표현하는 사람이 있다. 이들 중에 누가 성공할 확률이 높다고 생각하는가? 감사 일기를 과제로 생각하지 말고 한두 줄 편하게 쓰는 것부터 시작하다. 감사 일기는 새벽에 적어도 되고 잠자기 전에 작성해도 된다.

낭독 프로젝트를 운영할 수 있어서 감사하다.

카페에서 조용히 퇴고할 수 있어 감사하다.

시원한 음료를 마실 수 있어 감사하다.

생각해 보면 매 순간 감사가 넘친다.

코로나19 전염병으로 오프라인 강의가 작년 2월 말에 폐쇄되었다. 팬데믹 덕분에 오픈 카톡방을 만들고 온라인 강의를 하게 되었다. 매주 줌 공개 특강을 무료로 진행했다. 2년 넘게 일요일 밤 9시 십시일강 오픈 톡방에서 강사를 초대해 재능 기부 강의를 진행했다. 현재는 화요일 밤 8시에 진행 중이다. 오프라인으로 강의를 할 때는 10여 명이 모이던 단톡방이 지금은 1,000명이 넘는 사람들이 함께하고 있다. 코로나가 아니었으면 생각도 못 할 일이다. 누군가는 위기가 왔을 때 무너진다. 누군가는 위기가 왔으니 기회라고 한다. 나는 그 위기를 잡고 기회를 만들 수 있어서 감사하다.

낭독 수강생들과 책을 소리 내어 읽고 즐기며 제2의 삶을 살 수 있어 감사하다. 나는 온순해 보이지만 성질이 욱하고 까칠했다. 좋고 싫음이 분명했다. 성품은 좋은데, 인내가 부족하고 끈기가 없었다. 남의 마음을 헤아릴 줄 모르는 이기적인 사람 중의 하나였다. 이런 내가 낭독을 하면서 변화된 것에 감사하다. 만약에 혼자서 소리 내어 책을 읽었다면 한두 번 시도하다가 포기했을 수도 있다. 변화도 쉽게 찾아오지 않았을 것이다. 낭독 독서 모임을 만들어 함께했기 때문에 가능했다. 혼자서는 빨리 갈 수 있지만 멀리 가려면 동행이 필요한데 그것이 낭독이 아닐까 싶다. 힘들거나 지칠 때 함께 갈 인생의 벗이 필요하다.

"감사할 일이 없는데 어떻게 감사 일기를 써요?"

"감사한 일이 얼마나 많은데요? 숨 쉬는 것에 감사, 눈으로 책을 읽어서 감사, 코로 향기를 맡을 수 있어 감사, 맛있는 음식을 먹을 수 있어서 감사, 지금 이 순간 함께할 수 있어 감사, 건강해서 감사, 사랑하는 가족이 있어서 감사 등 정말 많지요."

질문을 던졌던 O 성우는 내 말을 듣고 고개를 끄덕였다. 주변에서 일어나는 크고 작은 일에 감사하도록 하자. 지금 이 순간 건강한 눈으로 책을 보고 있어서 감사하다고 고백하자. 눈으로 볼 수 없다면 귀로 들을 수 있어서 감사하다고 하자.

작은 일에 감사하면 큰 감사가 몰려와 감사할 일들이 더 많아진다. 감사에는 조건이 없다. 감사할 일이 있으면 눈치 보지 말고 내가 먼저 감사하다고 말하면 된다. 작은 것에 감사를 표현하는 사람은 친구가 많고 감사할 줄 모르는 사람은 벗이 없다.

낭독 독서 모임에 참여한 재선 성우의 감사 메시지다.

"와! 오늘은 특별한 날입니다!!^^ 아침 낭독을 통해서 밤과 낮이 바뀐 제 생활이 조금씩 변화되고 있어서 정말 기쁘고 감사합니다. 오늘로써 《부러지지 않는 마음》이란 책을 한 권 완독했습니다. 우선, 이렇게 변화와 성장할 수 있도록 이 과정을 개설해 주신 우리 김형숙 대표님께 깊은 감사의 말씀을 전합니다. 또한 혼자는 불가능했을 이 모든 과정을 이 방 멋진 성우님들과 함께했기에 가능했습니다. 이 방 모든 성우님께 머리 숙여 감사드립니다. 끝으로 조금씩 실천해 나가고 있는 자신에게 더없는 사랑의 메시지를 전합니다. 참 잘했어."

감사할 일이 있어서 감사하는 것이 아니라 감사하면 감사할 일이 생긴다. 감사는 삶을 윤택하게 만든다.

낭디꿈 메신저의 감사 일기

- 매일 아침 건강하고 행복해서 감사합니다.

- 사랑하는 가족이 건강하고 지혜로워서 감사합니다.

- 시간적, 경제적으로 풍요로움이 넘쳐나서 감사합니다.

- 다양한 방법을 통해서 수입이 늘어남에 감사합니다.

- 좋은 목소리로 낭독해서 감사합니다.

- 낭독 독서모임을 일요일 새벽 6시에 진행할 수 있어 감사
  합니다.

- 십시일강에 재능기부로 강의해 주는 강사님 감사합니다.

- 엄마가 건강해서 감사합니다.

- 베스트힐링낭독지도사 자격 과정 운영 감사합니다.

- 디지털튜터 스마트폰 지도사 자격 과정 운영 감사합니다.

- 나를 응원하고 돕는 손길에 감사합니다.

- 열정적이고 창의적인 삶을 살아서 감사합니다.

- 배우고 도전하는 것을 좋아해서 감사합니다.

《성경》〈데살로니가전서〉 5:16-18절 말씀 중에 "항상 기뻐하라
쉬지 말고 기도하라 범사에 감사하라 이것이 그리스도 예수 안에서

너희를 향하신 하나님의 뜻이니라."라는 말이 나온다. "범사에 감사하라"라는 말은 모든 것에 감사하라는 뜻이다. 감사할 수 없는 상황에서도 감사할 거리를 찾아 감사하라는 것이다. 자신이 원하는 것을 이루었을 때만 감사하는 것이 아니다. 행복할 때도 감사, 불행할 때도 감사, 죽을 만큼 힘이 들어도 감사, 합격과 불합격을 했을때도 감사해야 한다. 좋은 환경에서만 감사할 것이 아니라 주어진 상황 속에서 감사가 일어나야 한다. 감사하는 마음이 클수록 행운의 여신은 당신의 편이 되어준다. 실제로 일어나지 않은 일도 미리 감사하면 좋은 일이 몰려와 실제로 감사하게 된다.

아침에 감사일기를 적으면 좋다. 오늘 있을 일에 대해서 미리 감사하면 좋은 일이 생긴다. 감사 일기는 자기 자신을 부유하게 하고 마음을 행복하게 만들어준다. 감사는 삶을 풍요롭게 살찌우고 건강하게 한다. 감사하는 삶으로 인생의 터닝 포인트를 맞이해 보자. 작은 것에 감사하는 습관을 만들어서 복리의 이자가 붙어 눈덩이처럼 큰 감사가 생기도록 만들자. 나의 마음과 행복을 위한 감사 일기를 지금부터 작성해 보자.

나를 성장시키는 짝꿍 칭찬하기

낭독 프로그램을 진행하면서 짝꿍 칭찬은 기본이다. 짝꿍이 낭독한 음성 파일을 듣고 목소리를 칭찬해 준다. 미소 셀카 사진을 보고 짝꿍의 아름다움을 칭찬한다. 책 속의 문장을 담아 만든 카드뉴스를 보고 지혜를 얻기도 하고 예쁘다고 칭찬한다. 카드뉴스에 담긴 아름다운 사진을 보고 부러워하기도 한다. 낭독 독서 모임에서는 짝꿍이 자신을 성장하게 만든다. 낭독 프로그램은 서로 칭찬하고 격려하며 집단지성의 힘을 발휘해 함께 성장한다.

사람은 자기에게 관심 가져 주고 칭찬해 주는 사람을 좋아한다. 칭찬은 상대방이 호감을 갖게 한다. 칭찬은 상대방이 존재감을 느낄 수 있도록 해야 한다. 칭찬은 사람의 마음을 움직이는 힘이 있다. 마음이 움직이면 상대를 설득하기가 쉽다. 다른 사람들로부터 칭찬받기를 원한다면 자신이 먼저 상대방을 칭찬해야 한다. 누군가를 만났을 때 눈에 보이는 작은 것을 칭찬하면 상대방은 기분이 좋아서 나에게 관심을 두게 된다.

K 성우가 말했다.

"미션 꼭 해야 해요? 미션이 너무 많아요. 할 일도 많은데 이걸 다 어떻게 해요?"

"주어진 미션을 다 하지 않아도 됩니다. 할 수 있는 것만 하세요. 자신에게 맞는 적당한 도전 목표를 설정해서 하세요."

목표는 성취감을 느낄 수 있도록 작게 잡아서 여러 번 하는 것이 효과적이라고 생각한다. 너무 큰 목표를 잡아서 실패하면 좌절감이 커서 일어서지 못한다. 자신이 할 수 있는 목표를 정하길 권한다.

"칭찬은 고래도 춤추게 한다."라는 말이 있다. 진심으로 하는 칭찬의 말은 나와 상대방을 행복하게 만들고 부유하게 만든다. 사람을 기쁘게 하면 친구가 많아지고 관계도 좋아진다. 아부성 발언은 피하는 것이 좋다. 그래서 소크라테스는 이런 말을 했다.

"모든 언행을 칭찬하는 자보다 결점을 친절하게 말해 주는 친구를 가까이하라."

낭독 모임 프로젝트에 미션이 많은 이유는 성우들이 성장하고 변화해서 행복한 삶을 살아가기를 바라는 나의 간절한 마음이 담겨 있기 때문이다.

"녹음한 음성 파일만 공유해도 되요? 짝꿍 칭찬도 꼭 해야 하나요?"

"짝꿍 칭찬은 필수입니다. 내 짝꿍이 성장하고 변화되는 것을 도와주면 그 짝꿍으로 인해 내가 더 많이 성장하고 발전합니다."

참여하고 있는 낭독 카톡방에 오디오 파일이 올라오면 다른 성우의 것은 바빠서 못 들어도 짝꿍이 녹음한 파일은 꼭 듣고 피드백을 해 주라고 했다. 자신의 것도 듣기 힘든데 짝꿍 것까지 들어야 하냐며 질문하는 성우도 있다. 자기 것만 들으면 발전이 없다. 다른 사람의 것을 들어봐야 '내가 어디서 잘못되었는지 알고 고칠 수가 있다. 아 나도 따라서 한번 해 볼까?'라며 스스로 깨닫게 된다.

낭독 초창기에 자신이 읽고 싶은 도서를 선정해서 읽게 했다. 관심 분야와 전문 분야가 다들 달라서 틈틈이 듣는 낭독은 그 책을 굳이 읽지 않아도 듣는 재미와 지식을 더해 주었다. 좋아하는 책을 소리 내어 읽으니 좋다고 했다. 온종일 다양한 오디오 파일을 무료로 들을 수 있는 호사를 누리니 그보다 좋은 것이 어디 있겠는가?

짝꿍 칭찬에 대한 아이디어는 친절한 영업 멘토 김미예 대표와 2021년 1월 어느 날 통화를 하는 중에 힌트를 얻을 수 있었다. 김대표가 다른 곳에서 독서 모임을 하는데 짝꿍 미션을 하니 독서 모임이 즐겁고 재밌다는 것이다. 짝꿍과 통화한 이야기, 칭찬한 이야기 등을 하는데 짝꿍의 역할이 커 보였다. 바로 그 주부터 낭독 독서 모임에 바로 적용했더니 짝꿍 칭찬을 해야 하는 부담은 있었으나 성우들의 반응은 좋았다.

10명이 넘는 성우가 카톡방에 공유한 음성 파일을 일일이 끝까지 다 듣고 피드백을 해주었다. 짧게는 5분에서 길게는 1시간을 넘게 녹음하는 성우까지 제각각이었다. 시간을 정해놓고 편하게 앉아서 들을 수 있는 시간이 없어 아침에 출근 준비를 하면서 녹음해서 보내 준 음성 파일을 들었다. 출퇴근하는 버스에서 이어폰을 끼고 들었다. 사무실에 도착할 때까지 성우들이 올려준 카드뉴스와 오디오 파일을 듣고 피드백해 주는 것이 일상이 되었다. 회사에서 내근하는 시간이 많을 때는 다 듣지 못했고 외근하면서 주로 들었다. 가끔 사무실에서 이어폰을 끼고 들었으나 눈치가 보였다. 도둑고양이가 음식을 훔쳐 먹는 것처럼 팀장이 없을 때만 이어폰을 한쪽 귀에 꽂고 들었다. 성우들의 음성을 듣고 짧게라도 피드백을 해 주려고 노력했다.

짝꿍 칭찬 미션을 통해 친근감과 소속감이 생기고 끈끈한 울타리가 만들어졌다. 혼자서 가면 도중에 포기할 수도 있는데 서로 용기를 주고 힘이 되어 주면서 함께 갈 수 있으니 일석이조다. 한 사람 한 사람의 집단지성의 힘이 모이면 엄청난 위력을 발휘한다.

낭독 독서 모임 11기에 합류한 안경연 성우는 낭독 프로젝트 참여하는 동안 눈에 띄는 사람이었다. 성우 한 사람 한 사람 좋은 것을 칭찬하고 댓글을 달아주는 멋진 모습을 보여 주었다. 바쁜 성우들을 이해하며 다른 성우들이 하지 않아도 모범적으로 피드백을 해 주었다. 그 마음이 너무도 예뻐서 커피 쿠폰을 보내주었다. 아름다운 풍경 사진과 카드뉴스, 감사 일기, 미소 셀카, 녹음 파일 등 다른 성우들의 모범이 되어주었다. 날마다 새로운 장소나 같은 곳에서 시선을 다르게 하여 일상의 멋진 배경 사진을 공유해 주었다. 낭독 모임 미션을 카페에 기록하면서 최선을 다하는 모습에 감동이 되었다.

칭찬은 불가능한 것을 가능하게 하는 힘이 있다. 할 수 없는 일을 할 수 있게 하는 마법의 힘이 있다. 단톡방 이름을 마법 낭독 특공대라고 지은 것도 칭찬의 마력 때문이다. 지금은 낭디꿈으로 바꾸었다.

낭디꿈은 최덕분 대표가 진행하는 고프로 과정 수강중에 미팅을 통해서 만들어진 이름이다. 나의 캐릭터에 맞게 잘 표현해 주는 말이다. 낭디꿈은 "낭독으로 나를 행복하게 만들고 디지털도구로 나를 알려서 꿈을 이루어간다."는 뜻으로 만들었다. 낭디꿈이 맘에 들어 사용하면서 조금 수정했다. 낭디꿈은 낭독으로 나와 이웃을 행복하게 만들고 디지털 도구로 나를 브랜딩해서 꿈을 이루도록 돕는 해

피메신저다.

성우들이 낭독을 열심히 할 수 있도록 경청과 격려를 해주었다. 짝꿍의 칭찬은 자신을 성장하게 한다. 성우들은 편한 시간대에 오디오 파일, 미소 셀카, 배경 사진 등 카톡 단톡방에 공유된 것을 보고 듣고 각자 칭찬의 말을 남긴다. 칭찬을 받으면 인정받는 것 같아서 기분이 좋아지고 더 잘하려는 의욕도 생긴다. 짝꿍의 미션이 카톡 채팅방에 올라오지 않으면 은근 기다려진다고 했다.

칭찬과 아부는 다르다. 칭찬하면 받는 사람보다 칭찬하고 있는 자기 자신이 기분이 더 좋다. 상대방의 행복한 모습을 보는 사람은 바로 자기 자신이기 때문이다. 짝꿍이 주는 칭찬의 힘은 메마른 사막에서 발견한 오아시스와 같다. 칭찬의 작은 꽃을 피워서 풍요로운 삶을 만들어 보자.

작은 습관의 기적

세상을 살아가면서 최고의 변화는 아주 작은 습관에서 시작된다. 하지만 습관은 양날의 검이다. 자신에게 도움이 될 수도 있고 꿈을 좌절시킬 수도 있다.

낭독하면서 몇 가지 좋은 습관이 자연스럽게 만들어졌다. 좋은 습관은 자신이 발전할 수 있는 디딤돌이 되어준다. 낭독 프로젝트를 운영하면서 작은 습관들의 효과를 톡톡히 보았다. 소리 내어 책을 읽으면서 목소리가 좋아졌고 생동감 넘치는 나를 발견했다. 하루라도 건너뛰는 날이면 뭔가 허전한 것이 변 마려운 강아지처럼 안절부절 못했다. 세상에 하나밖에 없는 카드뉴스를 만들려고 배경 사진을 찍다 보니 자연스럽게 사진을 잘 찍는 방법을 터득하게 되었다. 자기 선언문을 매일 소리 내어 읽으면서 긍정적인 마음이 잠재의식에 내재되었다. 감사할 일이 없음에도 감사를 생활화하니 날마다 더 좋은 감사가 나를 기다리고 있다. 스마일 셀카를 촬영하니 입가에 미소가 번졌다. 낭독 모임 시작하길 잘했다는 생각이 든다.

오전 4시 55분 새사모(새벽을 사랑하는 사람들의 모임) 새벽 습관 만들기 프로젝트를 진행하고 있다. 혼자서 새벽에 일어나기 힘든 분들이 참여하면 좋은 시간이다. 하루 결석하면 500원 기부금을 내야 한다. 모여진 기부금은 희망키움넷 청소년들을 위해 사용하도록 보내 주고 있다. 새벽 시간을 알차게 보내는 새사모 참여자들에게 감사를 전한다. 벌금액이 모이면 1+1을 해서 장학금으로 송금했다. 큰 돈은 아니지만 마음을 모아서 전달할 수 있어 감사하다.

새벽 4시 40분 화장실에서 졸린 눈을 비비고 거울을 보며 '나는 할 수 있다. 하면 된다.'고 외치며 방긋 웃는 20대 후반의 소녀를 만났다. 그녀의 꿈은 대학교수였다. 강사로 활동하면서 50% 꿈을 이루었다고 생각했다. 2022년 5월에 한국 열린사이버대학교 인공지능융합학과 특임교수가 되었다. 꿈을 꾸었는데 그 꿈이 이루어졌다. 꿈을 꾸면 반드시 이루어진다는 사실을 믿고 여러분도 꿈을 적어보길 바란다.

인생을 바꾸는 성공한 사람들의 습관은 무엇이 있을까? 성공한 사람들 88%가 하루 30분 이상 책을 읽는다고 한다. 86%는 평생교육의 힘을 믿는다. 부자의 86%는 책 자체를 좋아한다. 매일 할 일을 적어 놓는 것이 81%이다. 1주일에 4번 이상 운동을 74%가 한다. 구체적인 목표를 80% 이상 설정한다. 출근 3시간 전에 일어나는 것이 가난한 사람보다 3.5배 높다. 성공한 사람들은 호기심이 왕성하다. 경청하고 묻고 목표가 명확하다.

가난한 사람들은 2%만이 독서를 즐기고 5%만이 평생교육의 힘을 믿는다. 26%만이 책을 좋아하고 매일 할 일을 적는 것은 9%이다. 책을 좋아하는 사람들은 26%이고 구체적인 목표를 설정하는 것은 12%이다. 목표 자체를 기록해 놓는 비율은 17%라고 한다.

혼자서는 습관을 만들기 어렵다. 자신이 좋아하는 취미나 특기를 가지고 같은 모임에 합류하면 빨리 정착된다. 좋은 습관은 행동하기 쉽게 만들어야 한다. M 성우는 5분 낭독이 힘들다며 1분 동안 소리 내어 녹음했다.

'말도 안 돼. 5분을 왜 못 읽어?'

의아해하는 분이 있다. 한 번도 소리 내어 읽어 본 적이 없는 사람은 30초도 힘들어 한다. 난독증이 있는 사람도 그렇다. M 성우는 1분이 숙달되었는지 어느 날부터 5분 녹음을 시작했다. 시간을 점차 늘려가면서 자신감을 가졌다. 자신이 할 수 있는 만만한 것부터 시작하면 된다. 상담하다 보면 섣불리 겁먹고 시작하지 못하는 분들이 대부분이다. 작은 성공을 여러 번 맛보면 큰 성공에 도전하고 싶어진다. 낭독하는 좋은 습관은 자신이 바라고 원하는 것을 이루어주는 초능력이 있다. 행동하는 작은 습관이 자신의 성공을 부른다.

낭독 프로그램 오리엔테이션 시간에 만만한 목표, 적당한 목표, 도전적인 목표를 스스로 정해서 성취감을 맛보라고 했다. 3가지 목표를 정해서 할 수 있도록 아이디어를 준 사람은 정찬근 대표이다.

2년 넘게 진행하고 있는 십시일강 공개 특강에 2021년 1월 10일 일요일 밤 9시 강사로 재능 기부해 주었다. 그 시간에 얻은 아이디어이다. 십시일강은 2020년 3월 7일 토요일 줌 온라인 화상 강의를 무료로 알려주면서 현재까지 공개 특강을 계속하고 있다. 매주 일요일 밤 9시 전문 강사들을 초청해 지식 나눔을 실천했다. 2022년 6월부터 화요일 밤 8시로 십시일강 공개 특강 시간을 변경했다. 재능 기부로 선한 나눔을 실천해 준 강사들에게 진심으로 감사하다. 강사들 덕분에 선한 영향력을 나누는 습관을 만들었다.

습관은 복리로 작용한다. 습관은 꾸준히 형성되는 규칙적인 일이나 행동으로서 보통 자동으로 만들어진다. 사소한 습관이 상상도 못할 놀라운 일을 발휘한다. 복리란 중복된다는 뜻의 한자어 복(復)과 이자를 의미하는 리(利)가 합쳐진 단어다. 말 그대로 이자에 이자가 붙는다는 뜻이다. 복리는 눈사람을 굴리는 효과를 발휘한다. 매일 1%씩 나아지려고 노력하는 것은 장기적인 관점에서 상당히 중요하다. 현재 자신은 어떤 습관을 지니고 있는지 자신에게 물어보자. '세 살 버릇 여든까지 간다'라는 속담이 있다. 자신이 잘못된 습관을 지니고 있다는 생각이 든다면 지금 당장 버리거나 고쳐야 한다.

내가 바로 실천할 수 있는 작은 습관부터 만들어보자. 잠자리에서 일어나기 전 '아! 잘 잤다.'하고 외쳐 보자. 몸을 가볍게 스트레칭을 하자. 이불을 개어 보자. 가족에게 눈웃음을 지어 보자. 욕실 거울을 바라보고 '와, 이렇게 아름다운 사람이 누구지?' 하고 거울에 물어 보라.

누군가를 만나면 칭찬하는 습관을 가져 보자. 칭찬할 것이 없다면 눈에 보이는 액세서리라도 칭찬해 주자. 칭찬은 상대방의 마음 문을 여는 데 효과적이다.

작은 습관이 기적을 일으킨다. 당신만의 좋은 습관을 만들어 실행에 옮겨보도록 하자. 낭독하는 습관으로 삶을 재정의했으면 좋겠다. 좋은 습관은 당신을 성장시키지만 나쁜 습관은 당신 삶의 질을 떨어뜨린다.

낭독의 낭독에 의한 낭독을 위한 삶

꿈을 꾸는 사람에게는 희망이 있다. 꿈이 있는 조직은 성장한다. 낭독 프로그램을 진행하면서 소망이 생겼다.

'낭독의, 낭독에 의한, 낭독을 위한 삶을 살자'.

이 꿈이 나를 움직이게 한다. 낭독하는 대한민국이 되어 부강한 나라를 후손들에게 물려주어야 한다는 사명이 생겼다.

낭독 독서 모임에서 함께하는 백지원 성우는 이렇게 이야기했다.

"십시일강 낭독 특공대에 입문한 후 나의 삶에 변화가 시작되었다. 자신을 찾아갈 수 있고 목표와 꿈이 생겼다. 생활의 활력소와 에너지가 충전된다."

낭독 프로그램에 참여한 Y 성우는 처음으로 책을 읽고 30초 가량을 녹음해서 단톡방에 올렸다. 이렇게 짧게 녹음해서 보낸 경우는 처음이라서 놀랐다. 만났을 때도 말을 조용조용하게 할 뿐만 아니라 인사말도 발음이 어눌해서 정확히 들리지 않았다. 수줍어하는 기색이 역력했다. 낭독을 시작한 지 한 달 정도 지나자 당당하게 자기표현을 정확하게 해서 나를 놀라게 했다. 매일 책을 읽고 카톡방에 공유하고 자신이 녹음한 음성을 듣고 개선점을 찾으니 변화가 누구보다 빨랐던 것 같다.

지금은 PR 시대다. 소리 내어 책을 읽고 카드뉴스를 만들어 스마트폰에만 보관하면 겨울잠을 자는 개구리와 같다. 내가 나를 알리지 않으면 누가 나를 알려주겠는가? 적극적으로 자신을 알려하는 시대다. 낭독 프로그램으로 나와 이웃이 행복해지고 세상을 이롭게 하고자 하는 꿈이 있다면 SNS에 적극적으로 소문을 내어야 한다. 나 혼자만 변화하는 것이 아니라 함께 변화의 바람을 일으킬 동반자를 찾아서 같이 가야 한다.

코로나19는 세상의 판도를 빠르게 바꾸어 놓았다. 비대면이 일상이 되는 시대가 오리라고는 그 누구도 상상하지 못했다. 낭독 독서 모임 16기 오리엔테이션을 메타버스 이프랜드에서 진행했다. 현재 35기를 진행하고 있다. 미숙한 수강생들을 위해서 줌과 이프랜드를 통해 동시에 방송했다. 메타버스 이프랜드에 접속한 사람은 14명 중 3명뿐이었다. 트렌드가 변화하면 발 빠르게 움직여야 한다. 오디오 시장이 빠르게 성장하고 있다는 것을 알면 서둘러 따라

가야 한다.

스마트폰 하나만 있으면 모든 것이 가능한 세상 속에 살고 있다. 이제는 제4차 산업혁명 시대에 살고 있음을 당연시하고 스마트한 시대에 맞게 변화해야 한다. 50대 중반의 월천 여사는 SNS에 익숙해지려고 노력하고 있는 성우로 가상 공간 강의실 맨 앞자리에 앉아서 강의를 들었다. 낭독 프로젝트에 입문해서 꿈과 목표를 펼치고 있다.

소리 내어 책을 읽고 기록하는 습관은 글을 쓰거나 책 쓰기에도 도움이 된다. 글을 어떻게 써야 할지 모르겠다면 글쓰기와 관련된 책을 읽거나 독서 모임, 특강에 참여하면 좋다. 글을 잘 쓰고 싶다면 묵독으로만 읽지 말고 낭독을 해 보자. 글쓰기를 하고 낭독을 했을 때 매끄럽게 넘어가면 잘 쓴 글이다. 경험해 보니 단어보다 조사때문에 문장이 어색해지는 일이 많았다. 소리 내어 책을 읽다가 걸리는 느낌이 있으면 고쳐서 다시 쓰고 읽어보기를 반복해서 문장을 매끄럽게 만들면 된다.

데카르트는 "좋은 책을 읽은 다는 것은 과거의 가장 훌륭한 사람들과 대화하는 것이다."라고 말했다. 좋은 책을 그냥 읽지 말고 소리 내어 읽어보자. 속독으로 읽는 것과 묵독으로 읽는 것, 낭독으로 읽을 때의 감정이 사뭇 다르게 느껴진다. 저자와 대화하는 듯한 것을 느끼고 싶다면 낭독을 추천한다.

S 성우는 인지검사를 받고 기억 지수가 현저히 떨어진 것을 보

고 충격을 받아 낭독 프로그램에 참여했다. 기억 지수 정상적 범위는 0.442~0.817이다. 실제 측정치는 빨강 신호등이 켜진 0.143이었다며 충격을 받아 참여한 경우로 다음과 같은 말을 했다.

"그래프를 보고 너무도 충격적이었는데 김형숙 대표님의 십시일강 무료 강의를 듣던 중 낭독이 기억력 증진과 치매 예방에 탁월하다고 얘기하셔서 낭독 특공대에 탑승하게 되었어요. 낭독만 하는 게 아니라 카드뉴스 만들기, 블로그 수업, 팟빵 수업 등 매주 많은 정보를 주셔서 SNS 활동에 도움을 많이 받고 있고 짝꿍 칭찬하기를 통해 서로에게 격려하고 칭찬받으며 모든 분이 많은 성장을 하고 있네요. 4월에 나의 짝꿍이었던 A 성우님은 본인의 목소리를 싫어했었는데 낭독을 하며 본인의 목소리를 좋아하게 되었다며 감사하다고 했어요."

4차 산업혁명으로 오디오 시장이 점점 커지고 있다. 오디오 파일을 SNS 플랫폼에 공유함으로써 수익도 기대해 볼 수 있다. 유튜브, 팟빵, 네이버TV, 네이버 오디오 클립 등 소셜 미디어에 공유해 보자. 기록하는 순간 꿈은 이루어진다.

낭독하는 뇌로 바꾸면 삶이 돋보인다. 낭독의, 낭독에 의한, 낭독하는 삶은 나와 세상을 행복하고 아름답게 만들어갈 수 있게 이끌어준다.

낭독으로 제2의 삶을 디자인하자

낭독으로 제2의 삶을 멋지게 준비해 보자. 자신이 가지고 있는 목소리를 자산으로 아름다운 인생을 만들 수 있다. 오디오를 통해 돈을 벌 수 있는 시대가 활짝 열렸다. 코로나19 팬데믹으로 세상은 크게 변했다. 이미 우리는 제4차 산업혁명 시대, 인공지능 시대의 한 복판을 살아가고 있다. 이제 무엇을 버리고 무엇을 받아들여야 할지 결정하고 바로 움직여야 한다. 낭독의, 낭독에 의한, 낭독을 위한 독서로 제2의 인생을 준비해 보는 것은 어떨까?

급속하게 변화되어 가고 있는 이 시대에 우리에게 필요한 것은 다름아닌 '감성'이다. 당신은 무엇으로 타인의 감성을 자극할 수 있을까? 인간 고유의 목소리는 결코 인공지능이 대체할 수 없다. 개성이 강한 목소리를 어설프게 흉내를 낼 수는 있겠지만 똑같은 목소리를 낼 수는 없다.

코로나19 팬데믹의 영향으로 비디오 시장이 위축되면서 반대급

부로 오디오 시장이 점점 커지고 있다. 팟캐스트 콘텐츠 전쟁이 시작된 지는 이미 오래다. 국내 이동통신 1위 SK텔레콤, 세계 최대 '빅 테크' 애플, 글로벌 1위 전자상거래 기업 아마존 등이 각각 오리지널 팟캐스트 콘텐츠 확보에 막대한 돈을 쏟아붓고 있다고 한다.

1인기업 활동의 일환으로 안방에서 음성 파일을 녹음하고 편집해서 소셜 미디어에 공유해서 수익을 창출할 수 있다. 조금만 알면 세상은 넓고 할 일은 많다. 잠자고 있는 뇌를 깨워서 자신의 목소리로 수익을 창출하는 일을 찾아보자.

"생각이 바뀌면 행동이 바뀌고, 행동이 바뀌면 습관이 바뀌고, 습관이 바뀌면 인생이 바뀐다."라는 말이 있다. 당신은 지금 무엇을 바꾸고 싶은가? 생각, 행동, 아니면 삶? 그 변화를 원하는 이유는 무엇인가? 삶의 터닝 포인트를 만들고 싶은가?

성공한 사람과 온라인 미팅, 강의 듣기, 낭독, 유튜브 대학 등 소셜 미디어 세상에서 대면으로 만나지 않아도 온라인 상에서 스승을 얼마든지 찾고 만날 수 있다.

내 삶의 터닝 포인트는 앞서 말했듯이 2022년 4월 30일 유튜브 어벤저스 원데이 클래스에서 시작되었다. 낭독 독서를 하기 전에 부정적인 생각이 많았다면 낭독을 한 이후부터는 긍정적인 생각을 하는 삶으로 루틴이 변했다. 이전의 나는 생각하는 것이 초라하기 짝이 없었다.

'나는 안 돼. 할 수 없어. 다른 사람은 운이 좋은 거야. 왜 그렇게 내 인생은 재수가 없어. 되는 일이 하나도 없네.'라고 생각했다.

이런 나의 삶이 낭독하면서 조금씩 변해 갔다. 낭독을 제2의 삶으로 생각한 것은 낭독 독서 모임을 운영하며 얻은 감동의 피드백을 받으면서부터였다. 내게 주어진 삶의 시간과 순간의 조각들이 새로운 의미로 다가와 새겨졌다.

지유 성우는 말했다.

"저 정말 어쩜 좋죠? 대표님 만나고 하루하루가 정말 행복해져서 대표님을 꼭 만나고 싶은 거 있죠? 정말 잘될 거 같고 또 용기가 생겨요. 오늘 강의 듣고 희망이 생겼어요. 매번 유익한 강의해 주셔서 정말 감사해요. 혼자서 이 모든 일을 하시는 대표님, 정말 너무 존경스러워요. 감사합니다."

최서영 성우가 말했다.

"저 지금 팥빵 공부해요. 김형숙 강사님 덕분에. 강사님! 꼭 한번 뵈어요. 음식 대접하고 싶어요. 말 더듬고 부족한 제가 팥빵을 개설하고 낭독 파일을 올리는 기적을 경험하고 있어요. ^^"

낭독 독서 모임을 운영하면서 SNS 강의를 할 때 느끼지 못했던 전율들이 마음속 깊이 파고들어 찐한 감동을 받은 적이 한두 번이 아니다.

혼자서 책을 읽고 끝내면 나만의 생각에 국한되겠지만, 많은 사람의 의견을 듣다 보면 다양한 사고와 시각을 접하고 생각의 지평을 확장할 수 있다. 주어진 문제의 해답을 모색할 때 여러 각도에서 생각하게 된다. 또한 낭독 모임을 통해 끈끈한 유대 관계가 만들어진다. 낭독 독서 모임에는 건전하고 올바른 가치관을 가진 사람들이 모인다. 성공을 향해 끊임없이 도전하고 열정이 넘치는 사람들로 집단 지성의 힘이 발휘되는 곳이다.

낭독 독서로 당신의 삶을 변화시키는 제2의 인생을 준비해 보는 것은 어떨까? 낭독 독서는 무엇인가 도전하고 열정적으로 배우려고 하는 사람에게 날개를 달아준다. 자신이 소망하는 꿈을 가슴 속에만 꼭꼭 담아두지 말고 공작새가 아름다운 날개를 활짝 펼치듯 자신의 날개를 거침없이 펼치기를 바란다.

낭독 특공대와 인연이 되는 사람들이 저마다 키우고 있는 나무마다 좋은 열매가 맺힐 수 있도록 도움을 주기 위해서 민간 '베스트힐링 낭독 지도사' 자격증을 신청했고 그 과정을 운영 중이다. 자격

과정 2기는 낭독의 중요성을 알고 있는 영어 학원 원장들의 참여율
이 높았다.

최서린 성우는 엄마꿈메신저 27년차 영어강사로 활동하고 있
다. 2021년 10월에 낭독독서모임에 참여하면서 인연이 되었다.
본원에서 운영하는 민간 베스트힐링 낭독지도사 자격증을 취득했
고 조력자와 낭독가로서 아름다운 면모를 보여주고 있다. 2022년
09월 17일 낭디꿈 낭독회때 사회를 잘 봤다는 평을 받았다. 이날
최우수상은 이진이 성우, 우수상은 최서린 성우, 고영기 성우가 차
지했다.

우리는 누군가의 꿈이 되어야 한다. 꿈을 꾸고 원하는 것을 향
해 걸어갈 수 있도록 희망을 심어주어야 한다. 그런 의미에서 낭독
하는 가정과 이웃을 응원하기 위해 〈낭독교육헌장〉을 만들었다. 낭
독으로 대한민국이 활짝 꽃피는 그날이 와서 건강하고 부강한 나라
가 되기를 소망한다.

마/치/는/글

나를 찾고 만나는 시간

낭독으로 제2의 삶을 멋지게 디자인하기

당신의 소중한 삶을 축복하고 사랑한다. 세상에서 하나뿐인 자신의 목소리로 제2의 인생이 더욱 힘차고 활기차게 시작되기를 바란다. 우리는 낭독을 하면서 멋진 인생을 디자인하며 아름답게 살아가야 한다.

자신만이 가지고 있는 목소리를 통해 자신을 사랑할 수 있기를 바란다. 목소리는 새로운 발견이다. 낭독은 소리로써 나와 청중의 귀를 즐겁게 한다. 소리 내어 읽는 책은 청중의 심장을 뛰게 만드는 매력적인 예술 장르다. 낭독은 건조한 디지털 세상에 시원한 단비를 내려 가슴을 따뜻하게 적셔준다.

누구에게나 밝은 에너지의 목소리가 있다. 그런 목소리는 사람의 마음을 감동시킨다. 당신의 목소리는 당신 자신을 치유하고, 나아가 다른 사람의 영혼을 치유할 수 있는 힘이 있다. 목소리를 통해 자신를 발견하고 꼭꼭 숨겨진 내면의 자신를 만날 수 있다.

마음이 울적하거나 외로울 때, 힘들거나 지쳤을 때 소리 내어 책을 읽으면 마음이 밝아진다. 긍정적인 생각을 갖게 된다. 다른 사람의 마음을 헤아릴 수 있는 여유가 생긴다. 삶에 지쳐서 일어설 힘조차 없었던 적이 있지 않은가? 용기와 희망을 잃고 절망 앞에 섰던 적이 있는가? 앞이 보이지 않는 어둠의 터널을 통과하여 밝은 세상으로 나아가는 가장 빠른 방법은 책과 만나는 것이다. 나는 독서에 더하여 낭독을 권하고 싶다.

낭독 독서 모임을 진행하면서 변화된 여러 수강생을 만났다. 현재 자신의 상황에서 더 나은 성공적인 삶을 살아가는 데 필요한 것은 낭독 독서이다. 힘이 되고 친구가 되어주는 낭독을 나는 사랑한다. 낭독의 힘을 믿는다. 우리 모두 낭독 전도자가 되면 좋겠다.

목소리 교정을 위해서 스피치 학원에 다니는 사람이 많다. 하지만 꾸준히 하지 않으면 좋아지는 것도 잠시뿐이다. 목소리를 교정하기 위해 학원으로 가기 전에 몇 개월이라도 낭독 연습을 해 보자. 낭독으로 트레이닝을 하면서 스피치 학원에 다닌다면 짧은 시간에 더 좋은 성과를 얻을 수 있을 것이다.

이 책을 읽고 여러분도 소리 내어 책 읽는 습관을 지녔으면 좋겠

다. 북 내레이터가 되어서 세상을 이롭게 하는 일에 동참해 보자. 소
비자도 좋지만 이왕이면 콘텐츠를 생산하는 1인 기업가로의 삶을
기획해 보자.

디지털 세상과 아날로그 세상 모두 낭독은 의미있는 행복이 묻
어나는 일이라 하겠다. 낭독을 통해 봉사할 수 있고 수익도 창출할
수 있다. 소비자로만 머물 것인가? 생산자의 삶을 살 것인가? 지금
까지 남의 방송을 청취만 했다면 이제는 낭독하는 삶으로 생산자가
되어보자. 즐겁게 낭독하면서 돈도 벌고 봉사도 한다면 노년의 삶
이 멋지지 않겠는가? 지금까지 눈으로 책을 보았다면 이제부터 독
서 낭독을 해서 생동감 있는 삶을 살아보자.

2021년 12월 13일 '인클'에서 〈낭독으로 힐링하며 수익화하
기〉와 〈30분만에 완성하는 유튜브 편집〉 강의 영상을 촬영했다.
'인클'은 단희 선생님이 운영하는 40~50대를 위해 만든 온라인 강
의 플랫폼이다. 행복한 인생의 제2막을 준비하는 사람들에게 필요
한 많은 강좌를 제공한다. 지면을 통해 단희 쌤에게 감사하다는 말
을 전한다.

2022년 1월에는 KBS 전주방송국 임소정 아나운서가 진행하는
한 줄 독서 프로그램에 목소리로 참여했다. 음악과 함께 시청자들에
게 동기 부여를 해주는 2분 정도 짧은 메시지가 방송이 되었다.

　정보석 MC와 서울 중랑미디어센터에서 1주일에 한 번, 보이는 라디오 〈썸백쇼〉를 녹화한다. 목요일밤 9시 썸백쇼 유튜브에 업로드하고 있다. 시·군·구에서 운영하는 미디어센터를 이용하면 무료로 녹음할 수 있으니 적극적으로 활용해 보기 바란다.

　MKYU에서 굿쩍월드 514 챌린지가 끝나면 챌토링 미니챌린지를 진행한다. 514 챌린지는 매월 1일부터 14일까지 새벽 5시에 김미경 학장이 진행하는 프로그램이다. 챌토링은 나의 경험과 지식을 활용하여 챌린지를 만들고, 사람들을 모으고, 함께 챌린지를 진행하면서 성장할 수 있는 커뮤니티이며, 선발된 70명의 리더가 진행한다. 2022년 9월 미니챌린지 리더의 경쟁률은 70명 모집에 188명이 지원했다. 낭디꿈의 〈하루 30분 낭독으로 행복찾기〉 주제로 챌토링 챌린지를 진행했다. 10월에도 다양한 분야의 리더 70명 모집에 198명이 지원했는데 선발되었다. 낭디꿈의 〈하루 10분 낭독으로 행복찾기〉 주제로 아침에 진행을 했다. 챌토링에 참여한 사람들이 행복해진 모습을 보니 낭독이 사람의 마음을 치유하는 효과가 있다는 것을 다시 한번 느꼈다.

　〈2022 세계 한국어 한마당 문화행사-함께 읽다〉는 다양한 목소리를 모아 만든 소리책 한 권이다. 이어령의 《말로 찾는 열두 달》을 선정하여 다양한 사람들의 한국어 목소리를 담아 소리책(오디오북)으로 만드는 행사였다. 10월 6일부터 10월 10일까지 한글·한국어 산업 전시회(국립한글박물관 별관 1)에서 들을 수 있었고, 일반에는 공개하지 않았다. 글의 내용이 잘 전달되도록 낭독할 수 있는 사람을 선정했다. 생생한 목소리를 담아 한 권의 소리책을 만드는 데 선정되어 낭독가로서 뿌듯함을 느꼈다.

2021년도에 십시일강예술교육협회 비영리단체 사업자 등록증을 냈다. 8월에 베스트 낭독 지도사 민간 자격증을 신청해서 10월에 민간 자격증을 발행할 수 있는 기관이 되었다. 낭독에 관심 없던 사람이 낭독 모임을 만들어 운영하고 민간 자격증을 발행해 주는 기관이 되기까지 많은 시행착오가 있었다. 1기 자격증을 취득한 베스트 낭독 지도사들이 배출되었다. 현재 3기 진행중이다.

2020년 8월 낭독독서모임을 할수 있도록 기회를 제공한 김길숙 성우가 베스트낭독지도사 1호로 민간자격증을 취득해서 감회가 남달랐다. 자격증 시험을 보기위해 발표자료를 만들어야 했다. 그녀는 파워포인트로 강의안을 만들어 본 적이 없다며 "강사님이 해주세요."라고 했다. 도와주고 싶었지만 일정이 바빠서 해줄 수가 없었다. 실기시험을 보는날 새벽까지 작업을 했다며 깔끔하게 발표를 마무리했다. "강사님이 PPT 발표자료 작업을 해주었다면 남는 게 없을 것인데 직접 작업을 해보니 기억에 쏙 남는다고 했다". 2022년 2월 길숙 성우에게 자격증을 전달하러 부산에 내려갔다. 1기 90일 낭독독서모임을 시작한 초창기 멤버 3명과 함께 그날을 추억하며 행복한 시간을 보냈다.

소리 내어 책을 읽음으로써 몸과 마음이 힐링되는 것을 보았고 체험했다. 5월에 자격증 명을 베스트 힐링 낭독 지도사로 변경했다. 낭독으로 인생 후반전을 준비하는 성우들이 자격 과정에 참여하고 있다.

2022년 9월 17일 낭디꿈 제1회 낭독회가 서울 중랑구 중랑미디어센터에서 있었다. 전국에서 모인 낭디꿈 성우들과 행복한 낭독회를 개최해서 감사한 시간이었다. 류경기 구청장은 선약이 있어 참석하지 못한다며 손수 전화를 주었다. 중랑구민을 책임지고 있는 구청장이 관심을 주어서 큰 힘이 되었다. 구민이 하는 일에 관심과 애정을 가지고 구정을 살피는 마음에 늘 감동을 받고 있다.

낭독회란 작은 씨앗을 뿌릴 수 있어 감사했다. 낭독이 나와 이웃을 행복하게 만든다. 낭독을 하고 디지털도구로 자신을 브랜딩해서 꿈을 이루어가는 낭디꿈 해피 메신저들이 되었으면 좋겠다. 제2의 인생을 낭독으로 누구보다 행복하게 살기를 응원한다. 후손들에게 잘 사는 나라를 물려줄 수 있는 것은 현재 살고 있는 우리의 책임이다. 낭독은 당신이 행복하고 성공한 삶을 살아갈수 있는 원동력이 된다. 인생의 주인공과 부강한 나라의 주인공은 바로 당신이 되어야 한다.

독서 낭독의 시작은 나로부터 출발한다. 낭독하는 나와 가정, 사회에 행복과 희망이 있다. 책을 읽는 민족은 미래가 있다. 전국적으로 낭디꿈(낭독꿈) 독서 모임이 전파되길 바라고, 매년 4월 30일은 낭독의 날로 제정되길 소망한다. 여러분이 살고 있는 곳에서 소리 내어 책 읽는 문화가 조성되어 삶의 질이 향상되었으면 좋겠다. 책에는 미리 경험한 사람들의 지혜와 성공 방법이 들어있다. 우회하지 않고 실수를 줄일 수 있는 길이다. 이 책을 끝까지 읽고 낭독하는 삶을 살기 위해 동참하는 여러분에게 미리 고맙다는 인사를 전한다.

아름다운 목소리로 나와 이웃이 행복해지고 세상을 밝게 비추는 선한 일에 동참하면 좋겠다. 나로부터 시작한 작은 씨앗(낭독 독서)이 강을 이루어 큰 바다로 흘러가서 부강한 우리 민족이 되기를 꿈꾼다.

이 책이 나올 수 있도록 함께해 준 낭디꿈 성우들과 사랑하는 가족, 엄마, 아빠, 이은대 작가, 최송목 대표, 대경북스 김영대 대표, 응원해 준 지인들에게 감사를 전한다.

낭디꿈 메신저 김형숙